KB053717

독해력 비타민

기초편

40회로
완성하는
독해력

초등국어
5단계

독해의 중요성

글이란?

글을 잘 읽으려면 '글'이 무엇인지 정확히 알아야 합니다.

글은 중심 내용을 지닌 문단들이 모여 이루어집니다.

문단은 중심 문장과 뒷받침 문장이 조화롭게 이어져

탄생합니다.

문장은 여러 낱말이 어우러져 만들어집니다.

독해란?

독해란 글을 읽어 뜻을 이해하는 활동입니다.

낱말의 뜻을 정확히 알고, 문장의 의미와

문단의 중심 내용을 이해한 뒤, 문단 간의 관계를

밝혀내면 글을 제대로 이해할 수 있습니다.

독해의 중요성

수학, 과학처럼 독해와 전혀 상관없을 듯한 과목에도

독해는 무척 중요합니다. 책을 읽어 개념을 이해하거나

문제를 풀기 위해서는 글을 읽고 해석하는 능력이 필요합니다.

그뿐 아니라, 텔레비전을 보거나 물건을 고르는 것 같은

사소한 일을 위해서도 독해는 필요합니다.

독해는 어떻게 해야 할까?

독해의 방법

글을 읽고 문제를 풀 때에는 통독과 정독이 필요합니다.

통독을 통해, 글을 훑으며 전반적인 내용과 주제를 파악합니다.

그리고 정독하면서 글의 구조, 문단의 내용, 문단 간의 관계,

표현 속에 담겨 있는 속뜻 등을 알아봅니다.

사실적 독해와 비판적 독해

본문의 내용을 읽으며 그 안에 담긴 정보를 이해하는

독해 방법이 '사실적 독해'입니다.

'비판적 독해'는 글의 내용이나 구성을 파악하면서

앞뒤의 흐름이나 내용의 타당성 등을 비판하는 독해 방법입니다.

적극적 독해

독해에서 가장 중요한 것은 적극성입니다. 적극적인 자세로

글을 읽으며, 글의 종류를 알아보고, 구조를 파악하며,

각 문단의 중심 생각을 알아내면 겉으로 드러난 뜻뿐 아니라,

그 안에 감추어진 의미까지 알아낼 수 있습니다.

독해력 비타민 기초편 구성

한 주에 5회씩 두 달 동안 학습하도록
40회로 구성하였습니다.

회차	제목	갈래	분류	쪽수
6주차				
26	병자호란	설명문	역사	108
27	우리나라 지형의 특징	설명문	지리	112
28	찌아찌아족 한글 사용	기사문	인문	116
29	해바라기	시	문학	120
30	주몽 신화	동화	문학	124

한 주차 안에도 비문학과 문학을
고루 배치하였습니다.
학습자가 다양한 글을 접할 수 있습니다.

2
내용
파악

다음 중 활동 연도와 김구의 삶이 잘못 짝지어진 것을 고르세요.

① 1905년 - 을사늑약을 반대하는 시위에 참여하였다.

② 1907년 - 신민회에 가입하여 활동했다.

③ 1919년 - 중국으로 망명하여 대한민국 임시 정부를 만들었다.

④ 1931년 - 한인 애국단을 창설했다.

⑤ 1945년 - 대한민국 임시 정부의 주석으로 취임하였다.

문제의 출제 의도를 밝혀 두었습니다.
문제가 무엇을 묻는지 익히는 과정입니다.

틀린 문제 유형을 확인할 수 있습니다.

그것을 보고 자신의 강점과 약점을 파악하여,

자기 주도 학습을 할 수 있습니다.

틀린 문제 유형에 표시하세요.

☐ 배경 ☐ 제목 ☐ 내용 파악 ☐ 추론 ☐ 적용 ☐ 배경지식

본문에 쓰인 낱말이나 문법을 재학습합니다.

어휘력 기르기   10 문제 가운데 (   ) 문제 맞힘

1단계 다음 낱말의 뜻을 찾아 선으로 이으세요.

(1) 외양간 •   • ㉠ 말이나 소를 기르는 곳.

(2) 비로소 •   • ㉡ 소리가 산이나 절벽 따위에 부딪혀 되울려 오는 소리.

(3) 메아리 •   • ㉢ 어느 시간을 기준으로 그 전까지 이루어지지 않던 사건이 이루어지거나 변하기 시작함을 나타내는 말.

2단계 위에서 배운 낱말을 빈칸에 넣어 문장을 완성하세요.

(1) 산마루에 올라서야 [   ] 등산의 보람을 느꼈다.

(2) "누나!" 하고 외치자 산 저쪽에서 "누나!" 하는 [   ] 가 들려왔다.

(3) "소 잃고 [   ] 고친다"는 일이 이미 잘못된 뒤에는 손을 써도 소용없다는 뜻의 속담이다.

3단계 다음 뜻을 읽고, 밑줄 친 낱말과 같은 뜻을 찾아 그 번호를 쓰세요.

① 배다: 냄새가 스며들어 오래도록 남아 있다.
② 배다: 배 속에 아이나 새끼를 가지다.
③ 배다: 누울 때, 베개 따위로 머리 아래에 받치다.
④ 배다: 날이 있는 도구로 무엇을 끊거나 자르거나 가르다.

(1) 돌이는 누나의 냄새가 배어 있는 베개를 꼭 안고 있었다.   (   )

(2) 어머니는 새끼를 밴 암소에게만 특별한 먹이를 주셨다.   (   )

(3) 농부들은 낫을 들고 벼를 베었다.   (   )

(4) 아버지는 목침을 베고 주무셨다.   (   )

가능한 한 문학 작품의 전문을 실으려 노력하였습니다.

전문을 실을 수 없는 글은 학습자의 이해를 돕기 위해

앞뒤 내용을 요약하여 담았습니다.

39회

틀린 문제 유형에 표시하세요.

☐ ☐ 내용 파악   ☐ ☐ ☐ ☐ 추론   ☐ 배경지식

앞부분의 내용: 돌이는 아주 깊은 산속에서 아버지, 누나와 함께 산다. 어머니는 돌이가 세 살 때 세상을 떠났다. 아버지는 새끼를 **배게** 하려고 열 달 전에 암소를 데리고 먼 산골 마을에 다녀왔다. 집 주변에는 아무도 살지 않아, 돌이는 매일 심심하게 지내고 있다. 산에 대고 외쳐 메아리와 놀 뿐이다. 어느 날 밤, 누나는 자려고 누운 돌이에게 갑자기 시집을 가게 되었다고 말했다. 아버지는 **목침**에서 머리를 떨어뜨리려고는 한참 숨을 안 쉬었다.

이튿날, 아침을 먹고 나니까 어떤 ㉠ 낯선 남자 둘이 찾아왔다. 하나는 아버지보다 나이가 많은 사람이고, 하나는 눈이 툭 불거진 젊은 사나이였다. 나이 많은 사람은 보자기에서 누나에게 입힐 물들인 새 옷과 비녀라는 것을 내놓았다. 그리고 ㉡ 좋이에 싼 것을 펴 주면서 얼굴에 바르라고 하였다.

누나는 아버지께서 가르쳐 주시는 대로 가루를 얼굴에다 발랐다. 누나의 얼굴은 **보세**서 보기가 얄궂었다. 아버지께서는 누나의 머리를 틀어서 뒤에다가 비녀로 폭 질러 주셨다.

감자밥을 한 그릇씩을 먹고 나서 두 손님과 아버지, 누나 네 사람은 **재**를 넘어갔다. 누나는 집을 나가면서 울었다. 아무도 울지 마라 하는 사람은 없었다.

누나가 입은 푸른 저고리와 붉은 치마에서는 무슨 이상한 냄새가 났다. 걸을 때에는 위석위석 소리도 났다.

"나, 저녁때쯤 되면 돌아올 테니까, 넌 그새 소 몰고 나가서 풀이나 뜯기고 있어라."

오래간만에 두루마기를 입고 같이 나가시는 아버지께서는 돌이를 돌아다보고 말씀하셨다. 그러나 돌이는 대답을 하지 않고 일부러 옆만 돌아보고 있었다. 누나를 가게 내버려 두는 아버지가 ㉢ [   ].

네 사람은 서쪽 산 **가풀막진** 비탈길을 올라가고 있었다. 다른 사람은 몰라도 돌이의 눈에는 붉은 치마를 입은 누나만 똑똑하게 보였다. 산마루에 올라서더니만 사람들의 걸음은 조금 느려진 것 같았다. 누나는 쳉으로 고개를 돌려 집을 내려다보았다. 돌이는 눈에서 눈물이 막 쏟아지는 사이, 그만 누나를 놓치고 말았다.

'이야기가 40회로 이어집니다.'

차 례

윷놀이

– 놀이 준비물

윷가락, 윷가락을 던질 **멍석**이나 이불, **윷판**(전체 29밭), 말(편마다 4개씩)

– 놀이 방법

1. 개인이나 여럿이 편을 이룹니다.

2. 각 편은 윷가락을 두 개씩 던져 차례를 정합니다.

3. **선**이 먼저 윷가락을 던져 윷판에서 말을 **씁니다**. 그다음, 차례대로 윷가락을 던져 말을 이동합니다. 말 네 **동**을 윷판에서 먼저 내보내는 편이 승리합니다.

이름	윷가락 모양	말 이동 칸
도	윷가락 3개가 엎어지고, 1개가 젖혀짐.	1칸
개	윷가락 2개가 엎어지고, 2개가 젖혀짐.	2칸
걸	윷가락 1개가 엎어지고, 3개가 젖혀짐.	3칸
윷	윷가락 4개 모두 젖혀짐.	4칸
모	윷가락 4개 모두 엎어짐.	5칸

4. **사리**를 던진 편은 윷을 한 번 더 던질 수 있습니다.

5. 같은 편 말이 같은 칸에서 만나면 **업어서** 함께 움직일 수 있습니다. 말 두 개가 함께 움직이는 것을 두동사니, 세 개가 함께하는 것을 ㉠ [   ], 네 개 모두 같이 이동하는 것을 넉동사니라고 합니다.

6. 상대편 말이 있는 칸에 자신의 말이 도착하면 상대 말을 윷판에서 **뺍니다**. 그 말은 처음부터 다시 출발해야 합니다. 상대의 말을 잡은 편은 윷을 한 번 더 던집니다.

7. 요즘에는 **백도**, **낙** 등의 규칙을 만들어 즐기기도 합니다.

멍석 새끼(짚으로 꼬아 만든 줄)로 만든 큰 깔개.　**윷판** 윷놀이를 할 때에 말을 쓰기 위해 종이 등에 밭을 그린 판.　**밭** 장기판, 바둑판, 윷판 등에서 말이 머무는 자리.　**선** 무엇을 먼저 하는 사람. 先 먼저 선 **씁니다** 장기나 윷놀이 등에서, 말을 규정대로 옮깁니다.　**동** 윷놀이에서, 말을 세는 단위.　**사리** 윷놀이에서, '모'나 '윷'을 이르는 말.　**업어서** 윷놀이에서, 한 말을 다른 말과 합쳐서.　**백도** 윷놀이에서, 윷 하나의 뒤에만 특별한 표시를 하여, 그 윷이 뒤집어져서 도가 나오면 한 칸 앞이 아니라 한 칸 뒤로 가는 규칙. back　**낙** 윷놀이에서, 윷가락이 정해진 곳에서 벗어남을 이르는 말.

1

내용 파악

이 글의 내용을 정리했습니다. 다음 중 옳은 문장을 찾으세요.

① 윷놀이는 두 명만 할 수 있다.

② '걸'이나 '윷'이 나오면 윷가락을 한 번 더 던질 수 있다.

③ 상대편의 말을 잡으면 윷을 한 번 더 던질 수 있다.

④ 상대편의 말과 같은 칸에서 만나면 함께 움직여야 한다.

⑤ 백도와 낙 같은 규칙은 최근에 사라졌다.

2

어휘

㉠에 알맞은 말을 쓰세요.

3

적용

윷가락을 던져 왼쪽같이 되었을 때, 말은 윷판의 어디에 놓아야 할까요?

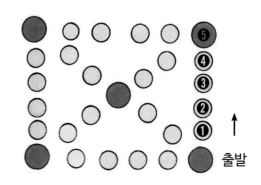

출발

4 윷놀이의 '도, 개, 걸, 윷, 모'는 각각 어떤 동물을 의미합니다. 동물의 속도에 맞추어 이동할 수 있는 칸의 수를 정하였습니다. '개, 말, 소, 양, 돼지' 가운데 각각 무엇을 뜻하는지 빈칸에 골라 쓰세요.

배경
지식

도	……	개	……	걸	……	윷	……	모

(1) ▢   개   (2) ▢   소   (3) ▢

5 윷을 모두 길게만 만들지는 않습니다. 다음 설명의 빈칸에 들어갈 열매는 무엇일까요?

배경
지식

▢ 을 쪼갠 것처럼 작고 뭉툭하게 만든 윷을 ' ▢ 윷'이라고 한다.

① 고추   ② 밤   ③ 오이

④ 수박   ⑤ 바나나

6 윷판은 밤하늘을 본떠 만들어졌습니다. 계절이 지나도 위치가 거의 변하지 않는 별 ㉮를 중심으로 그 주변의 별 스물여덟 개를 나타냈습니다. ㉮는 무엇일까요?

배경
지식

① 달   ② 화성   ③ 혜성

④ 북두칠성   ⑤ 북극성

7 윷판의 갈림길에서 말을 더 빠른 길로 보내려면 길이 갈라지는 밭에 말이 머물러야 합니다. 다음 중 말이 움직이는 길을 잘못 나타낸 그림을 찾으세요.

배경
지식

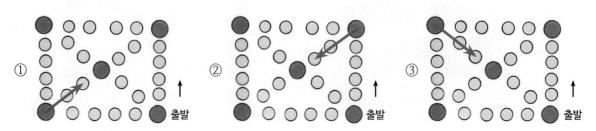

1단계 다음 낱말의 뜻을 찾아 선으로 이으세요.

(1) 밭 •

• ㉠ 윷놀이에서, 윷가락이 정해진 곳에서 벗어남을 이르는 말.

(2) 동 •

• ㉡ 장기판, 바둑판, 윷판 등에서 말이 머무는 자리.

(3) 낙 •

• ㉢ 윷놀이에서, 말을 세는 단위.

2단계 위에서 배운 낱말을 빈칸에 넣어 문장을 완성하세요.

(1) 현수는 모와 걸을 던져 윷판의 가운데 ☐ 에 말을 놓았다.

(2) 현수는 다음번에도 모와 걸을 던져 두 ☐ 을 업었다.

(3) 너무 세게 던져서 윷가락이 멍석에서 벗어난 상황을 ☐ 이라고 한다.

3단계 다음 문장들의 빈칸에는 모양과 소리는 같지만 뜻이 다른 낱말이 들어갑니다. 알맞은 낱말을 빈칸에 쓰세요.

(1)

민지는 글씨를 예쁘게 (　　　).

나는 밖에 나갈 때 모자를 (　　　).

윷가락을 던진 뒤에 윷판에 말을 (　　　).

☐ 다

사람에게 끼치는 영향에 따라, 곤충을 두 종류로 나누어 볼 수 있습니다. 사람에게 이로운 곤충을 익충이라고 합니다. 누에, 꿀벌, 잠자리 등이 대표 익충입니다. 사람에게 해를 끼치는 곤충도 많습니다. 파리, 바퀴벌레, 진딧물 등은 해충입니다. 그 가운데 모기는 사람의 피를 빨고 피부를 가렵게 합니다. 그뿐 아니라 한 해에 전 세계에서 70만 명 이상의 목숨을 빼앗아 갑니다.

모기는 사람에게 많은 병을 옮깁니다. 대표 질병은 일본 뇌염입니다. 일본 뇌염은 빨간집모기를 통해 **전염**됩니다. 일본 뇌염 바이러스에 **감염**된 빨간집모기가 사람을 물 때 바이러스가 사람에게 옮겨집니다. 일본 뇌염에 감염되어도 대부분은 증상이 나타나지 않습니다. 하지만 증상이 나타나 뇌에 염증이 발생하면 30%는 목숨을 잃습니다. 증상에는 고열, **현기증**, 구토, 두통, 복통 등이 있습니다. 전 세계에서 매년 68,000명 정도 일본 뇌염 환자가 발생합니다. 우리나라에서도 1960년대까지는 환자가 한 해에 1,000 명 이상 발생하였지만, 최근에 와서는 감염자가 많이 줄어들었습니다. 보통 어린 나이에 예방 **접종**을 하지만 필요에 따라 성인도 **백신**을 맞습니다.

말라리아는 열원충이라는 **기생충**에 의해 전염됩니다. 모기가 사람을 물 때, 얼룩날개모기의 침샘에 모여 있던 열원충이 사람의 피에 들어와 옮습니다. 말라리아는 종류가 많습니다. 이 가운데 우리나라에서 주로 **발병**하는 것은 삼일열 말라리아입니다. 이 말라리아는 증상도 약하고 사망률도 매우 낮습니다. 처음에는 두통, 피로, 근육통 등이 나타나다가 열, **오한**, 두통, 설사, 관절통, **흉통**, 복통 등이 생깁니다. 열대 지방에서 주로 발생하는 열대열 말라리아는 증상이 심하며, 다른 말라리아에 비해 사망률이 높습니다. 우리나라에서는 1990년대에 말라리아 환자가 급격히 늘었다가 2012년 이후에는 1,000명 이하를 유지하고 있습니다. 말라리아 예방 백신은 없습니다. 따라서 말라리아 유행 지역을 방문할 때에는 예방약을 먹어야 합니다.

우리나라 안에서 감염이 일어나지 않는 병들도 있습니다. 뎅기 바이러스에 감염되는 뎅기열, 황열 바이러스에 감염되는 황열, 지카 바이러스에 감염되는 지카 바이러스 감염증 등은 우리나라에서 발생하지 않습니다. 모두 열대, **아열대** 지역에서 모기에 의해 전염됩니다. 하지만 우리나라 사람들도 해외에 여행을 다니면서 걸리는 경우가 있습니다.

모기에 의한 질병에 걸리지 않기 위해서 예방 접종을 하거나 예방약을 먹는 것도 중요하지만, 모기에 물리지 않는 것이 더 중요합니다. 그러기 위해, 집 주위에 고인 물을 없애 모기가 번식할 수 있는 환경을 없애고, 밤에 외출을 자제해야 합니다. 야외 활동을 하게 되면 긴소매 옷과 긴바지를 입고 모기 **기피제**를 뿌리는 것이 좋습니다. 모기는 주로 밤에 활동하기 때문에 깨끗이 씻은 뒤에 잡니다. 방충망을 잘 살피고, 모기장을 치는 것도 큰 도움이 됩니다.

전염 병이 남에게 옮음. 傳 옮길 전 染 옮을 염   **감염** 병의 원인인 미생물이 동물이나 식물의 몸 안에 들어가 그 수를 늘리는 일. 感 닿을 감 染 옮을 염   **현기증** 어지러운 증세. 眩 어지러울 현 氣 기운 기 症 증세 증   **접종** 병의 예방, 치료, 진단, 실험 등을 위해 어떤 물질을 동물의 몸에 넣음. 接 접할 접 種 심을 종 **백신** 전염병에 옮지 않기 위해 몸에 넣는 물질. vaccine   **기생충** 다른 동물의 몸에 붙어서 영양분을 빨아 먹고 사는 벌레. 寄 의지할 기 生 살 생 蟲 벌레 충   **발병** 병이 남. 發 일어날 발 病 병 병   **오한** 몸이 추워서 오슬오슬 떨리는 증상. 惡 미워할 오 寒 추울 한   **흉통** 가슴이 아픈 증상. 胸 가슴 흉 痛 아플 통   **아열대** 열대와 온대의 중간 지대. 亞 버금 아 熱 더울 열 帶 띠 대   **기피제** 곤충이나 작은 동물을 쫓기 위해 쓰는 약. 忌 꺼릴 기 避 피할 피 劑 약 제

---

1 이 글의 앞부분을 정리했습니다. 다음 표의 빈칸에 알맞은 낱말을 쓰세요.

내용
파악

(1)		해충
사람에게 이로운 곤충	뜻	사람에게 (2) [ ] 를 끼치는 곤충
누에, 꿀벌, 잠자리 등	종류	파리, 바퀴벌레, 진딧물, 모기 등

2 다음 중 이 글의 내용과 같은 문장을 찾으세요.

내용
파악

① 일본 뇌염에 걸린 사람 가운데 30%는 목숨을 잃는다.

② 일본 뇌염 백신은 어린이에게만 접종한다.

③ 우리나라에서 발병하는 말라리아는 사망률이 매우 낮다.

④ 백신을 맞으면 말라리아를 예방할 수 있다.

⑤ 모기로 인한 질병 가운데 우리나라에서 가장 흔한 질병은 지카 바이러스 감염증이다.

3 다음 중 모기로 인한 질병이 <u>아닌</u> 것을 찾으세요.

내용
파악

① 일본 뇌염　　　　　② 말라리아　　　　　③ 뎅기열

④ 독감　　　　　　　⑤ 황열

4 다음 중 삼일열 말라리아의 증상이 <u>아닌</u> 것을 찾으세요.

내용
파악

① 근육통　　　　　　② 오한　　　　　　　③ 두통

④ 설사　　　　　　　⑤ 저체온증

5 다음 중 모기에 물리지 않기 위한 행동을 <u>잘못</u> 설명한 사람을 찾으세요.

적용

① 영주: 모기가 번식하지 못하도록 집 주위에 고인 물을 없애야 해.

② 민희: 땀이 나면 씻는 것보다 바람에 잘 말리는 게 나아.

③ 성연: 집 밖에 나갈 때에는 긴소매 옷과 긴바지를 입는 것이 좋아.

④ 제훈: 모기 기피제를 사용하는 것도 도움이 돼.

⑤ 명규: 방충망 상태를 점검하고 잘 관리하는 것도 중요해.

6 다음은 모기에 대한 설명입니다. 모기 애벌레의 이름을 찾으세요.

배경
지식

모기는 물에 알을 낳는다. 종류 별로 차이는 있지만 보통 3일 정도 지나면 애벌레가 알에서 나온다. 물에서 2주 정도 지내면 번데기가 되고, 다시 3일이 지나면 어른벌레가 되어 날아간다. 모기는 암컷만 동물의 피를 빤다. 평소에는 수컷과 암컷 모두 식물의 줄기나 열매에서 즙을 빨아 먹고 산다. 그러다가 암컷 모기가 알을 낳을 때가 되면 동물의 피를 먹는다.

① 자벌레　　　　　　② 사슴벌레　　　　　③ 장구벌레

④ 개똥벌레　　　　　⑤ 비단벌레

어휘력 기르기

1단계 다음 낱말들의 뜻을 바르게 이으세요.

(1) 발병 ●　　　　　　　　　　● ㉠ 병이 남.

(2) 접종 ●　　　　　　　　　　● ㉡ 전염병에 옮지 않기 위해 몸에 넣는 물질.

(3) 백신 ●　　　　　　　　　　● ㉢ 병의 예방, 치료, 진단, 실험 등을 위해 어떤 물질을 동물의 몸에 넣음.

2단계 위에서 배운 낱말을 빈칸에 넣어 문장을 완성하세요.

(1) 감기는 계절이 바뀔 때 많이 [　　　　　　] 한다.

(2) 독감에 걸리지 않기 위해 [　　　　　　] 을 맞았다.

(3) 형은 예방 주사를 [　　　　　　] 했는데도 독감에 걸렸다.

3단계 다음 뜻에 알맞은 낱말을 빈칸에 넣어 십자말풀이를 하세요.

(1) 가슴이 아픈 증상.

(2) 어떤 집단에서, 지난 시대에 이루어진 사상, 관습, 행동 등이 현재까지 전해지는 것.

(3) 병이 남에게 옮음.

(4) 바이러스에 감염되거나 물리적, 화학적 자극에 의해 뇌에 생기는 염증.

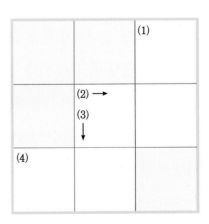

주말을 맞아 부모님과 함께 청와대에 다녀왔다. 청와대는 예전 대통령들이 일하고 살던 곳이라서 어떻게 생겼을지, 무엇이 있을지 무척 궁금했다.

청와대에는 입구가 세 개 있는데 우리는 가장 서쪽에 있는 영빈문으로 들어가기로 했다. 입구로 들어가니 바로 영빈관이 보였다. 영빈관 밖의 굵고 긴 기둥이 그리스 **신전**을 떠올리게 했다. 겉모습만큼 건물 안도 무척 화려했다. 높은 천장에 매달린 **샹들리에**가 눈부실 만큼 아름다웠다. 외국에서 방문한 사람들을 맞이하는 곳이라서 멋지게 만든 것 같았다. 벽에는 대통령을 상징하는 **봉황**과 국화 무궁화가 새겨져 있었다.

영빈관에서 나와 왼쪽 길을 따라 걷다 보니 큰 기와집이 보였다. 청와대 본관이다. ㉠ 그 건물을 보니 이곳이 왜 '청와대'인지 알 수 있었다. 그 앞에는 넓은 잔디밭이 펼쳐져 있었다. 친구들과 축구를 하다가 넘어져도 전혀 다치지 않을 것처럼 푹신해 보였다.

본관 안에 들어서자마자 감탄이 나왔다. 나무 바닥에는 빨간 카펫이 깔려 있었고, 천장에는 화려한 샹들리에가 있었다. 오른쪽 복도를 따라가니 충무실이 있었다. 임명장을 주거나 회의를 하는 공간이라고 적혀 있었다. 다음에는 한쪽 벽에 바다 그림이 멋있게 펼쳐져 있는 인왕실로 갔다. **간담회**나 **만찬**이 열리는 **연회장**으로 쓰이던 곳이다. 2층에는 대통령의 **집무실**이 있었다. 텔레비전에서 봤던 것보다 넓어서 놀랐다. 옆에는 **접견실**이 있었다. 1층으로 내려와 **영부인**의 집무실인 무궁화실로 갔다. 벽에는 지난 영부인들의 **초상화**가 걸려 있었다. 대통령뿐 아니라 영부인을 위한 공간이 있다는 것이 놀라웠다.

본관에서 나와 **관저** 쪽으로 이동했다. 작은 정원을 지나 오르막길을 조금 오르니 왼쪽에 인수문이 보였다. 문 안에 들어서자 멋들어진 기와집이 우리를 맞아 주었다. 건물 앞에는 잔디와 나무, 꽃이 잘 어우러진 뜰이 있었다. 길을 따라 건물 뒤쪽으로 가다가 아주 뜻밖의 물건을 발견했다. 건조대와 빨랫줄이다. 빨랫줄을 보니 과거 대통령들이 왠지 친근하게 느껴졌다. 건물 뒤로 나 있는 창문을 통해 식당, 미용실, 침실 등을 살짝 볼 수 있었다. 그런데 건물 뒤편을 절반쯤 지났을 무렵 **장독대**가 보였다. 지금은 대통령이 살지 않아 몇 개 없었는데, 대통령이 있었을 때에는 항아리가 얼마나 많았을지 궁금했다.

본관으로 가는 오른쪽 길과 정면의 출구 사이에 작은 길이 보였다. 우리는 바로 나가기 아쉬워서 그리로 내려가 보았다. 숲속 오솔길을 걷는 느낌이 들었다. 조금 내려가 보니 작은 정자도 있었다. 그 앞의 연못에는 커다란 잉어가 꽤 많이 살고 있었다.

숲에서 나오니 우뚝 서 있는 기와집이 보였다. 상춘재다. 외국 **귀빈**에게 우리나라 전통 **가옥**을 소개하는 곳이라고 쓰여 있었다. 상춘재 앞에는 녹지원이 있었다. 넓은 잔디밭 가운데에 서 있는 소나무가 무척 늠름해 보였다.

길을 따라 걷다 보니 청와대 정문이 보였다. 그런데 정문 밖에 커다란 문이 또 하나 있었다. 경복궁으로 들어가는 신무문이라고 어머니께서 알려 주셨다.

우리는 카페에서 팥빙수를 먹으며 힘을 보충하고 집으로 돌아왔다. 대통령이 기자 **회견**을 하던 춘추관을 보지 못해서 아쉬웠다. 그래도 대통령이 살던 곳을 살펴보아 뜻깊었다.

신전 신을 모신 집. 神 신 신 殿 큰 집 전　　**샹들리에** 천장에 매달아 화려하게 늘어뜨린 등. chandelier **봉황** 예부터 좋은 기운을 상징하는 상상의 새. 鳳 봉황 봉 凰 봉황 황　　**간담회** 정답게 서로 이야기를 나누는 모임. 懇 정성 간 談 이야기 담 會 모일 회　　**만찬** 손님을 초대하여 함께 먹는 저녁 식사. 晩 해 질 만 餐 밥 찬　　**연회장** 잔치를 차린 곳. 宴 잔치 연 會 모일 회 場 장소 장　　**집무실** 주로 높은 사람들이 일을 처리하는 방. 執 처리할 집 務 일 무 室 방 실　　**접견실** 공식적으로 손님을 맞아들여 만나 보는 방. 接 대접할 접 見 볼 견 室 방 실　　**영부인** 높은 사람의 부인을 높여 이르는 말. 여기서는 대통령의 부인을 이른다. 令 벼슬 영 夫 남편 부 人 사람 인　　**초상화** 사람의 얼굴을 중심으로 그린 그림. 肖 닮을 초 像 모양 상 畵 그림 화 **관저** 지위가 높은 공무원들이 살도록 마련한 집. 官 벼슬 관 邸 집 저　　**장독대** 장독을 놓아두려고 좀 높게 만들어 놓은 곳.　　**귀빈** 귀한 손님. 貴 귀할 귀 賓 손님 빈　　**가옥** 사람이 사는 집. 家 집 가 屋 집 옥　　**회견** 일정한 절차에 따라 서로 만나서 어떤 문제에 대해 자신의 뜻을 밝히는 모임. 會 모일 회 見 볼 견

---

1 다음 중 글쓴이가 청와대에서 가 보지 **못한** 곳은 어디인가요?

내용
파악

① 영빈관　　　　　　② 본관　　　　　　③ 관저

④ 상춘재　　　　　　⑤ 춘추관

2 청와대 본관에 대한 설명 가운데 **틀린** 것을 찾으세요.

내용
파악

① 영빈관에서 나와 왼쪽으로 가면 본관을 볼 수 있다.

② 본관 안의 나무 바닥에는 빨간 카펫이 깔려 있다.

③ 충무실, 인왕실, 대통령 집무실 등이 있다.

④ 무궁화실에는 지난 대통령들의 초상화가 벽에 걸려 있다.

⑤ 대통령 집무실은 본관 2층에 있다.

3 이 글에서 '대통령의 부인'을 나타내는 말을 찾아 쓰세요.

어휘

4 글쓴이는 ㉠을 어떻게 알 수 있었을까요?

추론

① 본관 앞의 잔디밭이 파래서.   ② 본관 건물 전체가 파래서.

③ 본관 지붕이 파래서.   ④ 청와대 직원들 복장이 파래서.

⑤ 청와대 뒷산의 나무가 파래서.

5 다음 중 이 글의 내용으로 짐작할 수 있는 것은 무엇인가요?

추론

① 청와대와 경복궁은 가까이 있다.

② 대통령은 빨래를 직접 하지 않는다.

③ 대통령은 주로 관저에서 일을 한다.

④ 청와대에는 우리나라 전통 건물만 있다.

⑤ 대통령의 부인은 대통령의 일을 나누어 같이 한다.

6 기행문의 3요소는 여정(여행의 과정), 견문(보고 들은 것), 감상(느낀 점)입니다. 다음 중 '감상'에 해당하는 것을 찾으세요.

적용

① 영빈관에서 나와 왼쪽 길로 걷다 보니 큰 기와집이 보였다.

② 대통령뿐 아니라 영부인을 위한 공간이 있다는 것이 놀라웠다.

③ 본관에서 나와 관저 쪽으로 이동했다.

④ 건물 뒤편을 절반쯤 지났을 무렵 장독대가 보였다.

⑤ 경복궁으로 들어가는 신무문이라고 어머니께서 알려 주셨다.

어휘력 기르기

1단계　다음 낱말들의 뜻을 바르게 이으세요.

(1) 만찬　●

(2) 귀빈　●

(3) 가옥　●

●　㉠ 사람이 사는 집.

●　㉡ 손님을 초대하여 함께 먹는 저녁 식사.

●　㉢ 귀한 손님.

2단계　위에서 배운 낱말을 빈칸에 넣어 문장을 완성하세요.

(1) 이 마을의 집들을 통해 전통 [　　　　　] 의 건축 방식을 배웠다.

(2) 우리나라 대통령은 미국 대통령과 [　　　　　] 을 즐겼다.

(3) 우리 학교 큰 잔치에 동네 [　　　　　] 들이 많이 참석하셨다.

3단계　다음 뜻에 알맞은 낱말을 빈칸에 넣어 십자말풀이를 하세요.

(1) 흙으로 한쪽이 불룩하게 빚어 구운 판으로 지붕을 덮은 집.

(2) 주로 높은 사람들이 일을 처리하는 방.

(3) 공식적으로 손님을 맞아들여 만나 보는 방.

(1)		(2)
(3)	견	

고양이 발자국

유희윤

하수도가 막혀
공사를 했다

새 관 다시 묻고
시멘트 새로 발라
말끔하게 마무리한 아저씨

― 오늘은 사용하지 마세요

┌─────────┐
│　　㉠　　│
└─────────┘

당부하고 갔다

밟지 말랬는데
고양이가 밟았다

발자국은 꽃 모양

무슨 꽃일까
고양이는 알까?

새로 바른 시멘트 위에
㉡ 다섯 송이 꽃이 피었다.

발자국 발로 밟은 자리에 남은 모양.　　**하수도** 가정이나 공장 따위에서 쓰고 버리는 더러운 물이나 빗물 따위가 흘러 빠지도록 만든 시설. 下 아래 하 水 물 수 道 길 도　　**관** 몸 둘레가 둥글고 길며 속이 빈 물건. 管 대롱 관
시멘트 건물을 짓거나 시설을 고칠 때 물체를 붙이는 데에 쓰는 물질. cement　　**말끔하게** 맑고 깨끗하게.
당부하고 말로 단단히 부탁하고. 當 맡을 당 付 맡길 부

1 이 시에 대한 설명으로 **틀린** 것을 고르세요.

내용
파악

① 7연 15행으로 이루어져 있다.

② 비유를 통해 자신의 생각을 표현했다.

③ 의문형 문장을 사용하였다.

④ 공연을 위해 무대에서 배우가 할 말이나 동작, 표정 등을 적은 글이다.

⑤ 다른 사람의 말을 그대로 담은 부분이 있다.

2 이 시의 말하는 이에 대한 설명으로 옳은 것을 고르세요.

내용
파악

① 말하는 이는 시멘트를 새로 바른 아저씨다.

② 시멘트를 밟은 고양이의 발자국이 마치 꽃 모양 같다고 생각하고 있다.

③ 자신이 발견한 꽃의 종류를 궁금해하고 있다.

④ 시멘트를 밟아서 아저씨에게 죄송해하고 있다.

⑤ 하수도가 막혀 불편한 감정을 표현하고 있다.

3 이 시에서 ⓒ은 무엇을 나타내는지 쓰세요.

내용
파악

4 ㉠에 가장 어울리는 말은 무엇인가요?

추론

① 꽃을 꼭 심어주세요

② 강아지를 조심하세요

③ 밟아도 안 됩니다

④ 문을 열어 놓으면 안 됩니다

⑤ 내일 다시 올게요

5 이 시의 말하는 이가 고양이의 행동을 통해 가장 느끼기 <u>어려운</u> 감정을 고르세요.

감상

① 귀엽다.　　　　　　② 얄밉다.　　　　　　③ 괘씸하다.

④ 안타깝다.　　　　　⑤ 무섭다.

6 다음 날 아저씨가 다시 왔다면 뭐라고 했을까요? 가장 적절한 말을 고르세요.

추론

① "대체 누가 시멘트를 밟은 거지? 말끔하게 마무리해 놨는데 정말 속상하네."

② "좋아, 시멘트가 깨끗하게 잘 말랐군. 지금부터 사용해도 문제없겠어."

③ "하수도가 또 막혔으니 관을 바꾸고 시멘트도 다시 발라야겠네."

④ "내가 그렇게 당부하고 갔는데 누가 시멘트에 꽃을 심어 놓은 거야?"

⑤ "시멘트가 아직 완전히 마르지 않았으니 내일 다시 와야지."

7 앞 시와 다음 시를 읽고, 두 작품의 공통점을 고르세요.

표현

> 젖 한 통 먹고는 콜콜.　　　　　　엄마 소 핥아도 콜콜.
>
> 송아지 낮잠이 폭 들었지.　　　　　송아지 낮잠이 폭 들었지.
>
>
> 뽈록 뿔 위에 잠자리가 앉아도.　　따끈따끈 햇볕은 내려쪼이고,
>
> 몰라요, 몰라요, 잠이 들었지.　　　곤해요, 곤해요, 잠이 들었지.
>
>
> — 권태응, 〈송아지 낮잠〉

① 연과 행의 구성이 똑같다.

② 말하는 이가 본 동물의 모습을 재미있게 표현하였다.

③ 같은 말을 반복해서 사용하였다.

④ 모양을 나타내는 말을 사용하였다.

⑤ 말하는 이가 질문을 하고 있다.

어휘력 기르기

8 문제 가운데 (   ) 문제 맞힘

1단계 다음 낱말들의 뜻을 바르게 이으세요.

(1) 발자국 •

(2) 하수도 •

(3) 시멘트 •

• ㉠ 건물을 짓거나 시설을 고칠 때 물체를 붙이는 데에 쓰는 물질.

• ㉡ 발로 밟은 자리에 남은 모양.

• ㉢ 가정이나 공장 따위에서 쓰고 버리는 더러운 물이나 빗물 따위가 흘러 빠지도록 만든 시설.

2단계 다음 문장의 빈칸에 알맞은 낱말을 위에서 찾아 쓰세요.

(1) 어제 [   ]를 바른 마당 바닥이 벌써 딱딱하게 굳었다.

(2) 사냥꾼은 눈 덮인 산길에서 사슴의 [   ]을 발견했다.

(3) 우리가 씻은 물은 [   ]로 흘러 내려간다

3단계 다음 설명을 읽고 밑줄 친 부분의 알맞은 뜻을 고르세요

관	① 몸 둘레가 둥글고 길며 속이 빈 물건.
	② 죽은 사람의 몸을 담을 수 있도록 나무로 네모나게 만든 그릇.

(1) 입으로 관에 공기를 불어 소리를 내는 악기를 '관악기'라고 한다.　　　　　(   )

(2) 할아버지의 관을 땅에 묻자 눈물이 주르륵 흘러내렸다.　　　　　(   )

앞부분의 내용: 오소리는 원숭이 마을의 먹이를 몽땅 **빼앗아** 먹으려고 꾀를 내어, 원숭이에게 꽃신을 선물했다. 원숭이는 꽃신이 처음에는 조금 불편했지만 적응이 되니 발바닥이 아프지 않아 좋았다. 겨울이 오자 오소리는 원숭이에게 꽃신을 또 선물했다. 원숭이는 이제 발바닥에 **굳은살**이 없어져 꽃신을 신지 않고는 걸을 수 없게 되었다. 봄이 되어 원숭이는 오소리를 찾아가 꽃신을 만들어 달라고 부탁했다. 오소리는 잣 다섯 개를 받고 원숭이에게 꽃신을 팔았다. 그리고 여름에는 잣 열 개를 받고 팔았다.

가을바람이 불기 시작할 무렵, 또 원숭이의 신이 낡아 버렸다.

"이제부터는 내가 신을 만들어 보자."

원숭이는 칡덩굴 껍질이며 마른 **억새풀** 따위로 신을 만들어 보려고 하였으나 뜻대로 되지 않았다. 원숭이는 오소리에게 신 만드는 방법을 배우러 갔다. 그러나 오소리는 원숭이가 몇 번이나 고개를 숙여 부탁하여도 가르쳐 주지 않았다. 원숭이는 할 수 없이 또 신을 사게 되었다.

"잣 스무 개를 내시오." / "오소리 영감, 왜 이렇게 자꾸 비싸집니까?"

"허, 비싸면 맨발로 다니면 될 게 아니오."

오소리는 귀찮다는 듯 눈을 감고 낮잠을 자려고 하였다.

'할 수 없다. 이번만 사 신고 다음에는 내가 만들자.'

원숭이는 잣 스무 개를 주고 신을 샀다. 그러나 겨울이 닥칠 무렵까지도 신을 만들지 못하여 원숭이는 또 신을 사야 하였다.

"이것은 겨울철 신이니 더 비쌉니다. 잣 백 개만 주시오."

원숭이는 꽃신값이 너무 비싸 말문이 막히고 **분한** 마음이 **울컥** 치밀어 올랐다.

"왜 말이 없소? 우리는 남이 싫어하는 짓은 안 하오. 싫거든 맨발로 다니시오."

원숭이는 아무 말도 못하고 잣 백 개를 주고 신을 샀다. 원숭이는 겨울 동안 어떻게 하든지 제 손으로 꽃신을 만들어 보려고 연구를 하였다. 그러나 겨울이 다 가고 봄이 오도록 원숭이는 꽃신을 만들지 못하였다. 게다가 원숭이는 남은 잣이 없었다.

"무엇을 도와 드릴까요?" / 오소리가 수염을 만지작거리며 말하였다.

"신을 새로 사야 하는데 잣이 하나도 없습니다. 제발 도와주십시오."

"도와 드리지요. 이렇게 합시다. 일 년에 꽃신 네 켤레를 드리겠소. 잣은 가을에 가서 받기로 하지요. 그 대신 잣을 오백 개 주셔야 합니다." / 원숭이는 기가 막혔다.

"왜 대답이 없소?" / "잣을 다 거두어도 오백 개가 안 됩니다."

"그러면 잣은 삼백 개만 주시고, 그 대신 원숭이 나리께서 날마다 우리 집 청소를 하고, 내가 개울을 건널 때에는 업어 주셔야 합니다."

"내가 당신의 **종**이 되라는 말입니까?"

"천만에요. 우리는 남의 **권리**를 **존중**합니다. 다만 서로 맡은 일을 다하자는 것뿐이지요."

원숭이는 할 수 없이 오소리의 말대로 해야 하였다. 오늘도 원숭이는 오소리의 굴을 깨끗이 청소하여 주었다. 그러고는 오소리를 업고 개울을 건넜다. 원숭이의 온몸에서 땀이 솟고 숨이 찼다. 오소리는 하늘을 쳐다보며 소리 없이 웃었다.

원숭이가 개울물에 비친 제 **꼴**을 내려다보니 마음이 아팠다.

'내 손으로, 내 손으로…….' / 원숭이는 꽃신이 디디는 **발짝**마다 다짐을 하였다.

– 정휘창, 〈원숭이 꽃신〉

굳은살 손이나 발바닥에 생긴 두껍고 단단한 살.　　**억새풀** 말려서 지붕을 만들거나 짐승의 먹이로 쓰는 풀.　　**분한** 억울한 일을 당하여 화나고 기분 나쁜. 憤 분할 분　　**울컥** 격한 감정이 갑자기 일어나는 모양.　　**종** 옛날에, 남의 재산이 되어 명령에 따라 일하던 사람.　　**권리** 어떤 일을 자기 뜻대로 할 수 있는 힘. 權 권리 권 利 이로울 리　　**존중** 높이어 귀중하게 대함. 尊 높일 존 重 귀중할 중　　**꼴** 겉으로 나타난 모양.　　**발짝** 걸음을 세는 말.

1

인물

이 이야기에 나오는 주요 인물 둘의 이름을 쓰세요.

_____ , _____

2

내용
파악

이 이야기에서 꽃신값은 어떻게 변하였나요?

① 점점 올라갔다.　　　② 점점 내려갔다.　　　③ 변화가 없었다.

④ 오르다가 내려갔다.　　⑤ 내리다가 올랐다.

3 이 이야기의 내용과 같은 문장을 고르세요.

내용 파악

① 원숭이는 스스로 꽃신을 만들 수 있게 되었다.

② 원숭이는 잣 오백 개를 주고 꽃신 네 켤레를 샀다.

③ 원숭이가 잣을 주어 오소리는 감사의 뜻으로 꽃신을 선물했다.

④ 오소리는 원숭이에게 꽃신 만드는 방법을 가르쳐 주었다.

⑤ 원숭이는 발바닥의 굳은살이 없어져 꽃신을 신지 않고는 걸을 수 없게 되었다.

4 오소리가 한 행동이 아닌 것을 고르세요.

내용 파악

① 원숭이에게 업혀 개울을 건넜다.

② 원숭이에게 청소를 시켰다.

③ 원숭이를 돕고 권리를 지켜 주었다.

④ 끝까지 원숭이에게 신발 만드는 방법을 알려 주지 않았다.

⑤ 처음에는 원숭이에게 선물을 주었지만 나중에는 잣을 받고 꽃신을 팔았다.

5 이 이야기에서 알 수 있는 오소리의 성격을 고르세요.

추론

① 순진하다.   ② 이해심이 많다.

③ 소심하다.   ④ 계획적이다.

⑤ 폭력적이다.

6 이 이야기의 내용과 어울리지 않는 감상을 말한 사람은 누구인가요?

감상

① 정현: 오소리를 업고 개울을 건널 때, 원숭이는 너무 분하고 억울했을 것 같아.

② 희준: 원숭이가 원하는 대로 해 주는 걸 보니, 오소리는 무척 착한 것 같아.

③ 문정: 원숭이 마을의 먹이를 몽땅 빼앗으려고 꽃신을 선물한 오소리는 욕심이 많고 음흉해.

④ 은성: 원숭이가 고개 숙여 부탁해도 신 만드는 법을 가르쳐 주지 않다니 오소리는 너무 냉정해.

⑤ 지영: 꽃신을 신지 않았더라면 오소리에게 잣을 모두 빼앗기는 일은 없었을 텐데. 남이 주는 물건은 신중히 생각하고 받을지 말지 결정해야 해.

어휘력 기르기

9 문제 가운데 (   ) 문제 맞힘

1단계 다음 낱말의 뜻을 찾아 선으로 이으세요.

(1) 분한 •

(2) 울컥 •

(3) 존중 •

• ㉠ 격한 감정이 갑자기 일어나는 모양.

• ㉡ 높이어 귀중하게 대함.

• ㉢ 억울한 일을 당하여 화나고 기분 나쁜.

2단계 위에서 배운 낱말을 빈칸에 넣어 문장을 완성하세요.

(1) 인종, 종교, 능력에 관계없이 인간의 권리는 [   ] 되어야 한다.

(2) 동생이 내 공책에 낙서를 하여 [   ] 화가 솟구쳤다.

(3) 강우는 자신을 배신한 승태에게 [   ] 마음이 들었다.

3단계 아래 설명을 읽고, 뜻풀이에 알맞은 낱말을 쓰세요.

> '맨-': 어떤 낱말 앞에 붙어, '다른 것이 없는'의 뜻을 나타내는 말.

(1) 반찬 없이 먹는 밥.

_____

(2) 아무것도 끼지 않은 손.

_____

(3) 안경, 현미경, 망원경 등이 없이 직접 보는 눈.

_____

대취타는 조선 시대에 중요한 공식 행사에서 사용하던 음악입니다. 대취타는 입으로 불어서 소리를 내는 **취악기**와 두드려서 소리를 내는 **타악기**로 연주합니다.

태평소는 대취타에 쓰이는 악기 가운데 유일하게 **선율**을 나타내는 취악기입니다. 길이는 35cm 정도이며, 구멍이 나무관 앞에 7개, 뒤에 1개 뚫려 있습니다. 나무관의 한쪽 끝에는 입으로 불 수 있도록 금속으로 만든 **취구**가 있습니다. 취구 안에 갈대로 만든 **서**를 넣어 소리를 냅니다. 그 반대쪽에는 **동팔랑**이 달려 있습니다. **놋쇠**로 만든 동팔랑 때문에 소리가 잘 퍼집니다.

나발은 놋쇠로 만든, 기다란 악기입니다. 관의 끝부분에 있는 취구에 입을 대고 바람을 불어 소리를 냅니다. 관의 취구 쪽은 가늘며, 반대쪽으로 갈수록 굵어집니다. 굵은 쪽 끝은, 소리가 잘 퍼지도록 밖으로 벌어져 있습니다.

나각은 커다란 소라 껍데기로 만든 악기입니다. 소라 껍데기의 안쪽 끝부분을 갈아서 취구를 만듭니다. 그곳에 입을 대고 불어 소리를 냅니다. 나각에서 나오는 소리는 소라의 크기에 따라 다릅니다. 나발과 나각은 태평소와는 달리 일정한 음 하나만 낼 수 있습니다. 대취타에서는 주로 나발과 나각을 번갈아 연주합니다.

대취타를 구성하는 타악기에는 북, 장구, 징, 자바라 등이 있습니다. 북은 대표적인 타악기입니다. 나무로 만든 동그란 통 양면에 동물의 가죽을 팽팽하게 씌워 만듭니다. 채나 손으로 북의 가죽면이나 가장자리를 두드려 연주합니다.

장구는, 모래시계 모양으로 나무를 깎아 속을 판 뒤, 양쪽에 동물 가죽을 씌워 만든 악기입니다. 장구의 왼쪽 면은 북편이라고 하는데, 가죽이 두꺼워서 두드리면 낮은 소리가 납니다. 채편이라고 부르는 오른쪽 면은 가죽이 얇아서 두드리면 높은 소리가 납니다. 북편과 채편은 조임줄로 이어져 있습니다. 북편은 맨손이나 끝이 둥근 채로 치지만, 채편은 가는 채만 사용합니다.

징은 놋쇠로 둥근 쟁반처럼 만든 악기입니다. 징에 줄을 달아 한 손으로 들거나 고정된 틀에 매달아 놓고, 헝겊을 감은 채로 쳐서 소리를 냅니다. 징은 울림이 깊고 부드러운 소리가 나는 특징이 있습니다.

자바라는 얇고 둥근 접시 모양의 금속판 두 개로 이루어진 악기입니다. 이 판을 맞부딪쳐 소리를 냅니다. 놋쇠로 만든 판의 중앙에 구멍을 뚫고 끈을 꿰어 고정한 뒤, 그것을 손으로 잡고 칩니다. 사용 지역이나 쓰임에 따라 바라, 제금, 부구 등 다양한 이름으로 불립니다.

대취타는 임금이 성문으로 **행차**할 때, 군대가 **행진**하거나 **개선**할 때에 주로 연주합니다. 대취타의 힘차고 **위엄**이 넘치는 가락은 우리 조상들의 기상을 느끼게 합니다.

취악기 입으로 관 안에 공기를 불어 넣어 소리를 내는 악기. 관악기라고도 부른다. 吹 불 취 樂 악기 악 器 도구 기   **타악기** 두드려서 소리를 내는 악기. 打 칠 타 樂 악기 악 器 도구 기   **선율** 소리의 높낮이가 길이나 리듬과 어울려 나타나는 음의 흐름. 旋 돌 선 律 음률 율   **취구** 나팔, 피리 따위에서 입김을 불어 넣는 구멍. 吹 불 취 口 입 구   **서** 취악기에서, 소리를 내는 얇은 판.   **동팔랑** 태평소의 관 아래 끝에 밖으로 퍼지게 구리로 만든 부분.   **놋쇠** 구리에 아연을 섞어 만든 쇠붙이.   **행차** 나이나 지위, 신분 따위가 높은 사람이 길을 감. 行 다닐 행 次 행렬 차   **행진** 군대가 대열을 지어 먼 거리를 이동하는 일. 行 다닐 행 陣 대열 진   **개선** 싸움에서 이기고 돌아옴. 凱 이길 개 旋 돌아올 선   **위엄** 의젓하고 엄숙한 태도나 기세. 威 위엄 위 嚴 엄숙할 엄

---

1 이 글의 중심 낱말은 무엇인가요?

핵심어

① 대취타   ② 취악기   ③ 타악기

④ 놋쇠   ⑤ 장구

2 이 글의 내용과 같으면 ○표, 다르면 X표 하세요.

내용
파악

(1) 대취타는 조선 시대에 중요한 공식 행사에서 사용하던 음악이다. ( )

(2) 태평소는 대취타에서 유일하게 선율을 연주할 수 있는 악기이다. ( )

(3) 태평소에는 구멍이 나무관 앞에 1개, 뒤에 7개가 뚫려 있다. ( )

(4) 나발은 일정한 음 하나만 낼 수 있는 타악기이다. ( )

(5) 북은 채나 손으로 두드려서 연주한다. ( )

3 다음 중 종류가 나머지와 다른 악기를 고르세요.

적용

① 북   ② 장구   ③ 태평소

④ 징   ⑤ 자바라

4 다음 중 만드는 데에 놋쇠가 쓰이지 않는 악기는 무엇인가요?

내용
파악

① 태평소   ② 나발   ③ 징

④ 자바라   ⑤ 나각

5 다음 중 자바라의 다른 이름이 <u>아닌</u> 것을 고르세요.

① 바라   ② 부구

③ 제금   ④ 접시

6 사진 속 악기를 설명하려고 합니다. 빈칸에 들어갈 낱말이 알맞게 짝지어진 것을 고르세요.

ㄱ 는(은) 모래시계 모양의 나무통 양쪽에 동물 가죽을 씌워 만든 ㄴ 다. 이 악기의 ㄷ 을 손이나 끝이 둥근 채로 치면 낮은 소리가 난다. 반대로, ㄹ 을 가는 채로 치면 높은 소리가 난다.

	㉠	㉡	㉢	㉣
①	북	타악기	채편	북편
②	북	취악기	북편	채편
③	장구	타악기	북편	채편
④	장구	취악기	채편	북편
⑤	징	타악기	북편	채편

7 다음 사진에 알맞은 악기의 이름을 쓰세요.

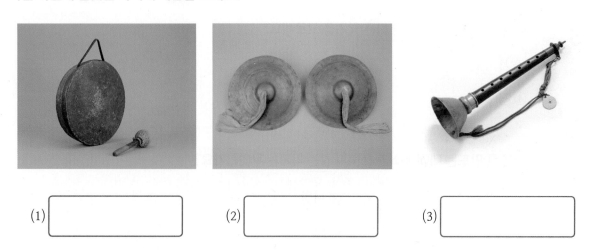

(1) [   ]   (2) [   ]   (3) [   ]

1단계 다음 낱말들의 뜻을 바르게 이으세요.

(1) 행차 ●   ● ㉠ 구리에 아연을 섞어 만든 쇠붙이.

(2) 선율 ●   ● ㉡ 소리의 높낮이가 길이나 리듬과 어울려 나타나
                                는 음의 흐름.

(3) 놋쇠 ●   ● ㉢ 나이나 지위, 신분 따위가 높은 사람이 길을 감.

2단계 다음 문장의 빈칸에 알맞은 낱말을 위에서 찾아 쓰세요.

(1) 오늘 시내에서는 조선 시대 임금의 [   ] 를 재현하는 행사가 열렸다.

(2) 윤선이의 피아노 [   ] 에 맞추어 지완이가 멋지게 노래했다.

(3) [   ] 는 얇게 늘어나는 성질이 강해서 그릇이나 악기를 만들 때에 쓰인다.

3단계 다음 뜻에 알맞은 낱말을 빈칸에 넣어 십자말풀이를 하세요.

(1) 조선 시대에 중요한 공식 행사에서 사용하던 음악. 임금이
   성문으로 행차할 때, 군대가 행진하거나 개선할 때 주로 연
   주했다.

(2) 두드려서 소리를 내는 악기.

(3) 입으로 관 안에 공기를 불어 넣어 소리를 내는 악기. 관악기
   라고도 부른다.

(4) 나팔, 피리 따위에서 입김을 불어 넣는 구멍.

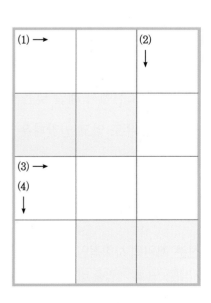

　　조선은 이성계가 1392년에 고려를 멸망시키고 세운 나라입니다. 조선 사람들은 태어날 때부터 **신분**이 정해져 있어 더 높은 신분으로 올라가는 건 거의 불가능했습니다. 조선의 신분 제도는 양천제를 바탕으로 이루어졌습니다. 양천제란 한 나라의 모든 백성을 양인과 천민으로 구분하는 제도를 말합니다. 양인은 다시 양반, 중인, 상민으로 나뉘었습니다.

　　양반은 조선에서 제일 높은 신분으로, 주 지배층이었습니다. 토지와 **노비**를 소유하고, **군역**을 **면제**받는 등 많은 특권을 받았습니다. 또 과거를 볼 수 있는 기회가 주어졌습니다. 과거에 합격하면 **관리**가 되어 나랏일을 할 수 있었습니다. 양반 중 일부는 아주 높은 자리까지 진출하여 **막대한** 경제적 혜택을 누렸습니다. 양반은 생산 활동은 거의 하지 않고, 국가 기관에서 일하거나 학자로서 **소양**과 **자질**을 ㉠ <u>갈고닦는</u> 데에 집중했습니다.

　　중인은 양반의 바로 아래 신분이었습니다. 중인에게는 과거를 볼 수 있는 자격이 있었습니다. 과거에 합격한 중인은 전문직에 **종사**하였습니다. 중인에는 아픈 사람을 치료하는 의관이나 외국 사람의 말을 **통역**하는 역관, 관청의 하급 관리인 서리, 지방 관청의 하급 관리인 향리 등이 있었습니다. 중인도 양반처럼 관청에서 일하였지만 신분의 한계로 인하여 높은 자리까지 오르는 데에는 어려움이 있었습니다.

　　상민은 평민이라고도 불리는데, 대부분이 농민들로 이루어졌습니다. 농업 이외에 어업, **수공업**, 상업 등에 종사하는 사람들도 있었습니다. 상민은 각자 생산 활동을 하면서 나라에 많은 세금을 내야 했고, 군역의 의무까지 져야 했습니다. 이들에게도 과거를 볼 수 있는 자격은 있었으나 준비하는 과정에 많은 시간과 비용이 들기 때문에 현실적으로는 거의 불가능했습니다.

　　천민은 조선에서 제일 낮은 신분으로, 대부분이 노비였습니다. 이들은 관청이나 양반의 재산으로 취급되어, 자유도 없고 인간다운 대접도 받지 못한 채 주인이 시키는 **허드렛일**을 하며 살았습니다. 또 같은 죄를 짓더라도 다른 신분에 비해 더욱 큰 벌이 가해졌으며, 교육을 받거나 **관직**에 오르는 일은 엄격히 금지되었습니다.

신분 개인의 사회적인 위치나 계급. 身 몸 신 分 신분 분　　**노비** 예전에, 남에 집에 딸려 천한 일을 하던 사람. 奴 사내종 노 婢 계집종 비　　**군역** 군대에서 역할을 갖고 임무에 힘쓰는 일. 軍 군대 군 役 일할 역　　**면제** 책임이나 의무를 지지 않게 해 줌. 免 면할 면 除 덜 제　　**관리** 국가나 지방 자치 단체에서 일하는 사람. 官 벼슬 관 吏 관리 리

막대한 더할 수 없을 만큼 많거나 큰. 莫 없을 막 大 클 대　**소양** 평소 닦아 놓은 학문이나 지식. 素 바탕 소 養 기를 양　**자질** 어떤 일에 대한 능력이나 실력의 정도. 資 바탕 자 質 바탕 질　**종사** 어떤 일을 일삼아서 함. 從 일할 종 事 일 사　**통역** 말이 통하지 아니하는 사람 사이에서 뜻이 통하도록 말을 옮겨 줌. 通 통할 통 譯 번역할 역　**수공업** 손과 간단한 도구를 사용하여 생산하는 작은 규모의 공업. 手 손 수 工 일 공 業 일 업　**허드렛일** 중요하지 않은 여러 가지 잡일.　**관직** 공무원이나 관리가 국가로부터 받은 일정한 일이나 책임. 官 벼슬 관 職 직책 직

1

제목

빈칸에 알맞은 낱말을 넣어 이 글의 제목을 완성하세요.

조선의 ☐☐ 제도

2

내용
파악

이 글에 대한 설명으로 <u>틀린</u> 것을 고르세요.

① 조선의 신분 제도는 양천제를 바탕으로 이루어졌다.

② 양반은 조선에서 제일 높은 신분으로, 군역을 면제받았다.

③ 중인은 전문직에 종사할 수 있었다.

④ 상민은 나라에 많은 세금을 냈고, 군역의 의무까지 졌다.

⑤ 과거 시험을 볼 수 있는 자격은 양반과 중인에게만 있었다.

3

감상

이 글을 <u>잘못</u> 이해한 친구를 고르세요.

① 병준: 태어날 때부터 신분이 정해져 있다니 너무 불공평해.

② 유섭: 지배층이라는 이유로 양반이 군역을 면제받는 것은 공정하지 않다고 생각해.

③ 경미: 공부를 열심히 했다면 양반이 되었을 텐데, 노력 없이 노비로 산 사람들이 이해가 안 돼.

④ 해수: 유능해도 신분이 낮으면 높은 자리까지 올라갈 수 없었으니 얼마나 답답했을까?

⑤ 윤서: 천민으로 태어나면 누군가의 재산이 되어 자유를 빼앗긴 채 살아야 했다니 정말 슬퍼.

4

어휘

다음 중 ㉠과 바꾸어 쓸 수 없는 말을 고르세요.

① 익히는　　　　　② 높이는　　　　　③ 기르는

④ 없애는　　　　　⑤ 키우는

5

적용

앞 글과 다음 설명을 읽고 틀린 것을 고르세요.

> 　조선보다 과거에 존재했던 신라에는 '골품 제도'라는 신분 제도가 있었다. 골품 제도는 모두 8개의 신분층으로 구성되었다. 먼저, 왕족을 대상으로 한 성골과 진골이 있었다. 성골은 왕족 중에서도 왕이 될 자격이 있는 사람만 속한 최고의 신분이었다. 진골은 왕이 될 수 없는 왕족으로, 나라의 높고 중요한 자리에서 일하는, 두 번째로 높은 신분이었다. 진골 아래의 6두품부터 4두품까지는 나라의 관리가 될 수 있었지만 두품에 따라 올라갈 수 있는 자리에 한계가 있었다. 마지막으로, 3두품부터 1두품에는 관리가 될 수 없는 일반 평민들이 속했다.

① 신라와 조선, 두 국가에는 모두 신분 제도가 존재했다.

② 신라는 8개, 조선은 4개로 신분층을 나누었다.

③ 신라는 성골, 조선은 양반이 제일 높은 신분이다.

④ 신라의 1두품이 조선의 중인보다 신분이 높다.

⑤ 신라에는 평민보다 낮은 신분이 없었으나 조선에는 있었다.

6

적용

다음 설명을 읽고 춘삼이 아버지의 신분을 쓰세요.

> 　춘삼이와 춘삼이 아버지는 양반 집에서 지낸다. 춘삼이 아버지는 오전에 빗자루로 마당을 쓴다. 오후에는 장작을 패고, 주인 양반들이 시키는 허드렛일을 한다.

1단계 다음 낱말들의 뜻을 바르게 이으세요.

(1) 신분 •   • ㉠ 군대에서 역할을 갖고 임무에 힘쓰는 일.

(2) 자질 •   • ㉡ 개인의 사회적인 위치나 계급.

(3) 군역 •   • ㉢ 어떤 일에 대한 능력이나 실력의 정도.

2단계 다음 문장의 빈칸에 알맞은 낱말을 위에서 찾아 쓰세요.

(1) 조선 시대에는 [   ] 에 따라 사람을 달리 대했다.

(2) 우리도 양반과 똑같은 사람인데, 왜 우리만 [   ] 의 의무를 져야 합니까?

(3) 그는 과학자로서의 [   ] 이 뛰어난 사람이다.

3단계 다음 설명을 읽고 밑줄 친 낱말의 의미를 골라 번호를 쓰세요.

관리	① 국가나 지방 자치 단체에서 일하는 사람.
	② 시설이나 물건의 상태를 유지하거나 더 좋게 함.

(1) 과거 제도는 나라에서 일할 관리를 뽑는 시험이었다.   (   )

(2) 이번 사고는 시설 관리 미숙으로 인해 발생했다.   (   )

* 미숙: 일에 익숙하지 못하여 서투름.

일기 예보를 전해 드립니다. 내일부터는 전국의 기온이 큰 폭으로 떨어질 것으로 예상합니다. 특히 경기 북부와 강원 산간 지역에는 **한파 특보**가 **발효**되겠습니다. 또 충남과 전라 지역에는 많은 눈이 내리겠습니다. 서해안 지역을 중심으로 강풍이 불겠고, 그 영향으로 해상에서는 파도가 높게 **일겠습니다.** 동해안 지역은 며칠째 계속 건조한 날씨가 지속되고 있는데 이러한 날씨는 당분간 계속 이어지겠습니다.

자세한 내용 알려 드립니다. 오늘은 전국적으로 **평년**에 비해서 기온이 높아 낮에는 대체로 따뜻했습니다. 하지만 중국 쪽에서 발달한 **대륙 고기압**의 영향으로 늦은 밤부터는 차가운 공기가 한반도로 **유입**되겠습니다. 내일 아침 기온은 영하 14 ~ 영하 5도로 오늘보다 큰 폭으로 떨어져 춥겠습니다. 낮 기온도 영하 7 ~ 영상 3도밖에 되지 않아 한낮에도 영상 기온을 회복하지 못하는 지역이 있겠습니다. 온종일 바람이 강하게 불어 **체감 온도**는 더 낮을 것으로 보이니 개인 **방한** 대책에 신경을 써 주시기 바랍니다. 특히 경기 북부와 강원 산간 지역에서는 기온이 영하 20도 아래로 떨어지는 곳도 있겠습니다. 수도관이나 보일러 **동파** 사고가 일어나지 않도록 미리 **조치**하시기 바랍니다.

충남과 전라 지역에는 눈 소식이 있습니다. 우리나라로 들어오는 차가운 공기가 서해의 수증기 많은 공기를 만나 눈구름을 형성하겠습니다. 이 눈구름으로 인하여 충청과 전라 지역에 눈이 내릴 것으로 보입니다. 눈은 내일 오전에 서해안 지역부터 내리기 시작하여 오후 늦게 그치겠습니다. 예상 **적설량**은, 충남과 전북 지역은 3~6cm, 충북과 전남 지역은 1~3cm, 경기 남부 지역은 1cm 미만입니다. 지역에 따라 짧은 시간에 눈이 많이 내리는 곳도 있겠으니 차량 운전이나 농장 비닐하우스 관리에 특별히 신경을 쓰셔야겠습니다.

내일 서해안에는 바람이 강하게 불어 파도가 높게 일겠습니다. 파도의 높이는 2~3m로 예상합니다. 상황에 따라 **풍랑 특보**가 발효될 가능성도 있으니, 해안 지역에 거주하시는 어민들께서는 이 시간 이후의 예보에 ㉠ 귀를 기울여 주시기 바랍니다.

한편, 동해안 지역은 며칠째 건조한 날씨가 지속되고 있습니다. 내일도 마찬가지로 건조한 날씨가 이어지겠습니다. 게다가 바람까지 강하게 불겠으니 산불이 발생하지 않도록 유의하셔야겠습니다.

지금까지 날씨 예보였습니다.

한파 특보 겨울철에 기온이 갑자기 내려가는 현상을 보일 때, 기상청에서 특별히 전하는 소식. 寒 추울 한 波 물결 파 特 특별할 특 報 알릴 보 **발효** 조약, 법, 공문서, 규칙 등의 효력이 나타남. 發 나타날 발 效 나타낼 효 **일겠습니다** 없던 현상이 생기겠습니다. **평년** 일기 예보에서, 지난 30년간의 기후의 평균적 상태를 이르는 말. 平 보통 평 年 해 년 **대륙 고기압** 겨울철에 대륙 위에 형성되는 고기압. 주로 땅의 겉 면이 오랫동안 차가워져 생긴다. 大 클 대 陸 땅 륙 高 높을 고 氣 기운 기 壓 누를 압 **유입** 액체나 기체, 열 등이 어떤 곳으로 흘러듦. 流 흐를 유 入 들 입 **체감 온도** 온도, 습도, 풍속, 햇빛의 양 등에 따라 사람이 느끼는 더위와 추위를 수량으로 나타낸 것. 體 몸 체 感 느낄 감 溫 따뜻할 온 度 정도 도 **방한** 추위를 막 음. 防 막을 방 寒 추울 한 **동파** 얼어서 터짐. 凍 얼 동 破 깨뜨릴 파 **조치** 어떤 문제나 일을 처리하는 데 필요한 대책을 세워 행함. 措 처리할 조 置 둘 치 **적설량** 땅 위에 쌓여 있는 눈의 양. 積 쌓을 적 雪 눈 설 量 양 량 **풍랑 특보** 해상에서 풍속이 빠르고 파도가 높을 것으로 예상될 때, 기상청에서 특별히 전하 는 소식. 風 바람 풍 浪 물결 랑 特 특별할 특 報 알릴 보

1 이 글을 쓴 목적은 무엇인가요?

① 상품에 대한 정보를 전달하여 소비자의 구매를 유도하기 위해서.
② 알릴 만한 가치가 있는 사실을 객관적으로 써서 전달해 주기 위해서.
③ 글쓴이가 여행하면서 보고 듣고 느낀 것을 알려 주기 위해서.
④ 글쓴이가 지어 낸 이야기를 통해 사람들에게 교훈을 주기 위해서.
⑤ 한 사람의 일생을 사실적으로 기록하여 그의 성격과 사상, 업적 등을 소개하기 위해서.

2 이 글은 어떤 계절에 어울리는 일기 예보인가요?

① 봄   ② 여름
③ 가을   ④ 겨울

3 밑줄 친 ㉠의 뜻으로 알맞은 것을 고르세요.

① 무시하여.   ② 소리를 키워.   ③ 신경을 쓰지 말아.
④ 관심을 가지고 들어.   ⑤ 널리 알려.

4 이 일기 예보에 담기지 <u>않은</u> 내용을 고르세요.

내용
파악

① 내일 아침 기온   ② 내일 낮 기온   ③ 내일 저녁 기온

④ 내일 적설량   ⑤ 내일 서해안의 파도 높이

5 이 글의 내용에 대한 설명으로 <u>틀린</u> 것을 고르세요.

내용
파악

① 내일은 전국의 기온이 큰 폭으로 떨어질 것이다.

② 늦은 밤부터 대륙 고기압의 영향으로 차가운 공기가 한반도로 유입될 것이다.

③ 낮에도 영상 기온을 회복하지 못하는 지역이 있겠다.

④ 온종일 바람이 강하게 불어 체감 온도는 더 낮을 것이다.

⑤ 전남 지역에서는 영하 20도 밑으로 떨어지는 곳이 있겠다.

6 다음 중 내일 눈이 가장 많이 내릴 것으로 예상되는 지역을 고르세요.

내용
파악

① 충남   ② 충북   ③ 경기

④ 전남   ⑤ 강원

7 다음 일기를 읽고, 앞 글의 내용을 바탕으로 '나'와 재현이가 사는 지역을 고르세요.

적용

> 내 친구 재현이의 아버지는 소방관이시다. 재현이 아버지께서는 요즘 바쁘셔서 집에 들어 오지 못하시는 날이 많다. 우리가 사는 곳의 날씨가 매우 건조해서 크고 작은 산불이 발생할 위험이 크기 때문이다. 게다가 내일은 바람까지 강하게 분다고 하니 지역 주민들의 걱정이 이만저만이 아니다. 작년에 우리 동네 뒷산에 산불이 크게 나서 학교에 가지 못하고 대피했던 기억이 난다. 다들 산불 예방에 힘써서 올해는 부디 산불이 안 나면 좋겠다.

① 서해안   ② 동해안   ③ 경기 남부

④ 경기 북부   ⑤ 강원 산간

어휘력 기르기

1단계 다음 낱말들의 뜻을 바르게 이으세요.

(1) 발효 •

(2) 유입 •

(3) 조치 •

• ㉠ 어떤 문제나 일을 처리하는 데 필요한 대책을 세워 행함.

• ㉡ 액체나 기체, 열 등이 어떤 곳으로 흘러듦.

• ㉢ 조약, 법, 공문서, 규칙 등의 효력이 나타남.

2단계 다음 문장의 빈칸에 알맞은 낱말을 위에서 찾아 쓰세요.

(1) 공장 폐수가 강으로 [　　　　　] 되지 않도록 철저히 감시해야 한다.

(2) 오늘 저녁 8시에 남해안 지역에 태풍경보가 [　　　　　] 되었다.

(3) 이번 산불에 정부가 적절하게 [　　　　　] 하여 피해를 최소화했다.

3단계 다음 뜻에 알맞은 낱말을 빈칸에 넣어 십자말풀이를 하세요.

(1) 겨울철에 기온이 갑자기 내려가는 현상.

(2) 얼어서 터짐.

(3) 어떤 의견에 같은 생각을 가짐.

(4) 몸으로 어떤 감각을 느낌.

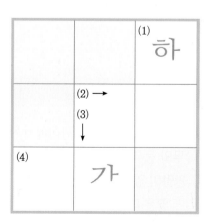

물새알 산새알

박목월

물새는

물새라서 바닷가 모래밭에

알을 낳는다.

보얗게 하얀 물새알.

산새는

산새라서 **수풀** 둥지 안에

알을 낳는다.

알락알락 얼룩진 산새알.

물새알은

간간하고 짭조름한

미역 냄새

바람 냄새.

산새알은

달콤하고 향긋한

풀꽃 냄새

이슬 냄새.

물새알은

물새알이라서

아아, **날갯죽지** 하얀

물새가 된다.

산새알은

산새알이라서

머리꼭지에 빨강 **댕기를 드린**

산새가 된다.

물새 물에서 살거나 물 가까이에서 사는 새.　　**보얗게** 빛깔이 보기 좋게 하얗게.　　**산새** 산에서 사는 새.　　**수풀** 나무와 풀이 무성하게 자라는 곳.　　**알락알락** 여러 빛깔의 점이나 줄이 고르고 촘촘한 모양.　　**간간하고** 조금 짠맛이 있고.　　**짭조름한** 약간 짠맛이 있는.　　**날갯죽지** 날개가 몸에 붙어 있는 부분.　　**댕기를 드린** 댕기(길게 땋은 머리의 끝에 장식용으로 드리우는 헝겊이나 끈)를 묶은.

1

내용
파악

이 시에서 물새와 산새가 알을 낳는 곳은 어디인지 쓰세요.

(1) 물새:

_____

(2) 산새:

_____

2

표현

이 시에서 반복되는 부분을 잘못 말한 사람은 누구인가요?

① 수연: 1연과 2연에서 '~에 알을 낳는다'라는 표현이 반복되고 있어.

② 지수: 3연의 3행과 4행에서 '냄새'라는 표현이 반복되었어.

③ 태정: 3연과 4연에서 글자 수가 비슷하게 반복되었어.

④ 해준: 5연에서 무엇을 보고 감탄하는 표현이 반복되었어.

⑤ 정은: 5연과 6연에서 '~가 된다'라는 표현이 반복되었어.

3

표현

시에서 반복되는 표현이 주는 효과는 무엇인가요?

① 장면이 생생하게 떠오르게 한다.

② 자세히 설명하는 효과가 있다.

③ 시를 읽을 때 노래하는 듯한 느낌이 들게 한다.

④ 대상을 빗대어 나타내는 재미를 느끼게 한다.

⑤ 슬픈 느낌을 준다.

4

내용
파악

이 시의 내용으로 바르지 <u>않은</u> 것을 고르세요.

① 물새알은 보얗게 하얗다.

② 산새알은 알락알락 얼룩져 있다.

③ 물새알은 날갯죽지가 하얀 물새가 된다.

④ 물새알에는 풀꽃 향기나 이슬 향기가 배어 있다.

⑤ 산새알은 머리꼭지에 빨간 댕기를 드린 산새가 된다.

5

내용
파악

다음 중 이 시를 <u>잘못</u> 이해한 사람은 누구인가요?

① 주현: 시 속에 말하는 이가 직접 드러나 있어.

② 선화: 이 시의 중심 소재는 물새알과 산새알이야.

③ 재정: 1, 3, 5연에서는 물새알에 대해 말하고 있어.

④ 인동: 6연에서는 '산새'를 사람처럼 표현하는 의인법이 사용되었어.

⑤ 미래: 1·2연, 3·4연, 5·6연이 비슷한 문장 구조로 짝을 이루고 있어.

6

감상

이 시를 읽고 어울리지 <u>않는</u> 느낌을 말한 사람을 고르세요.

① 현무: 짭조름한 바다 냄새가 풍겨 오는 것 같아.

② 동은: 숲속의 향긋한 풀꽃 냄새가 나는 것 같아.

③ 소정: 하얀 날개를 펴고 하늘을 나는 물새가 떠올라.

④ 희준: 숲속에서 알을 품고 있는 산새의 모습이 떠올라.

⑤ 은석: 환경이 오염되어 숲과 바다에서 죽어가는 새들의 모습이 떠올라.

7

표현

다섯 감각에 대한 설명입니다. 다음 표현에 알맞은 감각을 쓰세요.

> '시각'은 색깔이나 모양 등을 눈으로 보는 감각, '후각'은 냄새를 코로 맡는 감각, '미각'은 맛을 혀로 느끼는 감각, '청각'은 소리를 귀로 듣는 감각, '촉각'은 물건이 피부에 닿아서 느껴지는 감각 이다.

(1) "보얗게 하얀", "알락알락 얼룩진", "날개죽지 하얀", "빨간 댕기"

_____

(2) "간간하고 짭조름한", "달콤하고"

_____

(3) "미역 냄새", "바람 냄새", "풀꽃 냄새", "이슬 냄새"

_____

어휘력 기르기

9 문제 가운데 (   ) 문제 맞힘

1단계 다음 낱말의 뜻을 찾아 줄로 이으세요.

(1) 보얗게 •

(2) 알락알락 •

(3) 짭조름한 •

• ㉠ 약간 짠맛이 있는.

• ㉡ 여러 빛깔의 점이나 줄이 고르고 촘촘한 모양.

• ㉢ 빛깔이 보기 좋게 하얗게.

2단계 위에서 배운 낱말을 빈칸에 넣어 문장을 완성하세요.

(1) 나비 날개의 [   ] 점무늬가 무척 예쁘다.

(2) 재민이는 [   ] 생선구이에 밥 한 그릇을 뚝딱 비웠다.

(3) 세수를 하고 나니 얼굴이 [   ] 빛나 보였다.

3단계 다음 설명을 읽고, 밑줄 친 곳에 알맞은 낱말을 쓰세요. [   ] 안에는 어떻게 소리 나는지 적혀 있습니다.

> 순우리말로 된 낱말과 낱말이 합쳐질 때, 앞말에 'ㅅ'이 붙는 경우가 있습니다.
> ① 뒷말의 첫소리가 된소리('ㄲ', 'ㄸ', 'ㅃ', 'ㅆ', 'ㅉ') 로 나는 경우.
>   날개 + 죽지(새의 날개가 몸에 붙은 부분) → 날갯죽지[날개쭉찌/날갣쭉찌]
> ② 'ㄴ' 소리가 덧나는 경우.
>   이 + 몸 → 잇몸[인몸]

(1) 비 + 소리 = _____   [비쏘리/빋쏘리]

(2) 코 + 물 = _____   [콘물]

(3) 나무 + 잎 = _____   [나문닙]

옛날에 ㉠ 김 서방이 산길을 가다가 날이 저물어 무덤 옆에서 하룻밤을 자게 되었어. 막 잠이 들려는데, 멀리서 "어이, ㉡ 김 생원." 하는 소리가 나지 뭐야. 곧이어 자기가 베고 자던 무덤 속에서 "왜 그러나?" 하고 대답하는 소리가 들려. 무덤 속 귀신들이 주고받는 소리야.

"**재** 너머 황 부잣집으로 제사 음식 얻어먹으러 가세나."

"가고는 싶은데 손님이 들어서 못 가겠네."

"㉢ 손님하고 같이 가면 안 되겠나?" / "아, 그런 수가 있었군!"

그러더니 무덤에서 흰 옷 입은 귀신이 나와 ㉣ 무덤을 베고 자던 사람 머리 위에 **감투**를 씌워 주었어.

"우리와 같이 가세. 이 능텅 감투를 쓰면 사람 눈에 안 보인다네."

김 서방은 귀신들을 쫓아 산을 훌훌 넘어서 황 부잣집 안으로 들어섰지. 방에는 제사 지내는 사람들로 가득했는데, 능텅 감투 덕에 아무도 김 서방을 못 봐. 김 서방은 귀신들과 제사상 앞에 앉아서 음식을 먹었어. 그런데 귀신들이 먹는 음식은 **표**가 안 나는데, 김 서방이 먹는 음식은 공중에 둥둥 뜨고 쓱쓱 없어지니 사람들은 모두 **기절초풍**했지.

'꼬끼오' 하고 닭이 우니까, 배를 채운 귀신들은 그만 가자며 밖으로 나왔어. 김 서방도 따라 나갔지. 그랬더니 귀신이 능텅 감투를 돌려 달라고 하네. 하지만 김 서방은 돌려주기 싫었어. 그렇게 **실랑이**를 하다가 김 서방은 그냥 돌아서서 **냅다** 뛰었어.

집으로 돌아온 김 서방은 아내 옆에서 능텅 감투를 벗었어. 갑자기 나타난 남편을 보고,

"에구머니, 당신 언제 왔어요?" / 하고 아내가 깜짝 놀라 물었지. 다시 능텅 감투를 쓰면,

"아니, 이 양반이 금세 어디를 갔담." / 하고 두리번거렸어.

김 서방은 ㉤ 좋은 보물을 얻었다고 기뻐하며, 그날부터 제사 지내는 집만 찾아다녔어. 능텅 감투를 쓰고 제사상 앞에 앉아서 음식을 먹으면, 음식이 줄어드는 걸 보고 사람들은 놀라서 엎드려 벌벌 떨었지. 그게 재미나기도 하고 제사 음식이 탐나기도 해서, 날마다 제사 지내는 집을 찾아다녔어.

그러던 어느 날, 김 서방은 능텅 감투를 벗어 놓고 볼일을 보러 갔어. 다 **해어져서** 너덜너덜한 능텅 감투를 본 아내는 그것을 불 속에 던져 버렸지. 능텅 감투는 다 타고 재만 남았어.

능텅 감투가 그 꼴이 된 것을 보고도 김 서방은 **미련**을 버리지 못했어. 그래서 옷을 홀랑 벗고는 온몸

에 능텅 감투의 재를 바르고 또 제사 음식을 훔쳐 먹으러 나섰지.

마침 이웃 마을 박가네에 제사가 있었어. 능텅 감투는 태워도 능텅 감투인지, 알몸에 재를 바르고 갔는데도 아무도 몰라 봐. 그래서 김 서방은 마음 놓고 제사 음식을 먹었지.

한창 먹다 보니 손에 발라 놓은 재가 벗겨져서 손바닥만 하얗게 보였어. 그러니 제사를 지내는 사람들이 이상하게 생각하여 그 손을 낚아챘어. 그 바람에 팔뚝이 하얗게 드러났지. 김 서방이 달아나려고 몸부림을 칠 때마다 어깨, 무릎, 종아리가 드러났어.

결국, 김 서방은 제사 음식을 훔쳐 먹은 도둑놈이라고 실컷 얻어맞고 쫓겨났다는 이야기야.

– 전래 동화, 〈능텅 감투〉

생원 옛날에 나이 많은 선비를 대접하여 부르던 말. 生 선비 생 員 인원 원   **재** 길이 나 있어서 넘어 다닐 수 있는, 높은 산의 고개.   **감투** 옛날에, 머리에 쓰던 물건 중의 하나.   **표** 겉으로 드러난 표시. 表 겉 표
기절초풍 정신을 잃을 정도로 매우 놀람.   **실랑이** 서로 자기주장을 고집하며 다투는 일.   **냅다** 몹시 빠르고 세차게.   **해어져서** 닳아 떨어져서.   **미련** 깨끗이 잊지 못하고 끌리는 데가 남아 있는 마음. 未 아닐 미 練 익힐 련

---

1 이 글에서 가장 중요한 낱말로, ⓜ이 뜻하는 것은 무엇인가요?

내용
파악

2 ㉠ ~ ㉣ 중 나머지와 가리키는 사람이 다른 하나의 기호를 쓰세요.

내용
파악

(   )

3 이 글의 내용과 <u>다른</u> 것을 고르세요.

내용
파악

① 김 서방은 귀신들에게 돈을 주고 능텅 감투를 샀다.

② 능텅 감투를 쓰면 다른 사람의 눈에 보이지 않는다.

③ 김 서방은 능텅 감투를 쓰고 제사 음식을 먹으러 다녔다.

④ 아내는 다 해어지고 너덜너덜한 능텅 감투를 불에 태웠다.

⑤ 김 서방은 귀신들과 함께 황 부잣집에서 제사 음식을 먹었다.

4

이야기 속 사건이 일어나는 장소를 순서대로 바르게 나열한 것을 고르세요.

① 김 서방 집 → 무덤 옆 → 황 부잣집 → 이웃 마을 박가네

② 이웃 마을 박가네 → 황 부잣집 → 김 서방 집 → 무덤 옆

③ 황 부잣집 → 이웃 마을 박가네 → 김 서방 집 → 무덤 옆

④ 무덤 옆 → 황 부잣집 → 김 서방 집 → 이웃 마을 박가네

⑤ 무덤 옆 → 황 부잣집 → 이웃 마을 박가네 → 김 서방 집

5

김 서방의 성격을 고르세요.

① 고집이 세고 게으르다.

② 욕심이 많고 뻔뻔하다.

③ 부끄러움이 많고 소심하다.

④ 부지런하고 이해심이 깊다.

⑤ 다른 사람의 처지를 잘 생각한다.

6

이 글의 줄거리를 생각하며 이야기의 짜임을 바르게 연결하세요.

(1) **발단** (인물, 배경 등을 설명)	• ㉠	김 서방은 귀신들의 능텅 감투를 빼앗아 집으로 달려왔다.
(2) **전개** (사건이나 갈등 시작)	• ㉡	김 서방은 제사 지내는 사람들에게 들켜서 얻어맞고 쫓겨났다.
(3) **위기** (사건이나 갈등이 심해짐)	• ㉢	김 서방의 아내는 능텅 감투를 불 속에 던져 태워 버렸다.
(4) **절정** (긴장감이 가장 높아짐)	• ㉣	옛날에 김 서방이 무덤 옆에서 자게 되었다.
(5) **결말** (사건과 갈등 해결)	• ㉤	김 서방이 능텅 감투 재를 몸에 바르고 이웃 마을 박가네에 가서 음식을 훔쳐 먹었다.

어휘력 기르기

1단계 다음 낱말의 뜻을 찾아 줄로 이으세요.

(1) 기절초풍 ●   ● ㉠ 서로 자기주장을 고집하며 다투는 일.

(2) 실랑이 ●   ● ㉡ 깨끗이 잊지 못하고 끌리는 데가 남아 있는 마음.

(3) 미련 ●   ● ㉢ 정신을 잃을 정도로 매우 놀람.

2단계 위에서 배운 낱말을 빈칸에 넣어 문장을 완성하세요.

(1) 승우와 준희는 서로 자기 말이 맞다며 [   ] 를 벌였다.

(2) 조금 전까지 여기 있던 지갑이 사라지다니 [   ] 할 노릇이다.

(3) 세희는 잃어버린 우산에 대한 [   ] 을 버리기로 했다.

3단계 괄호 안에는 동음이의어(소리는 같지만 뜻이 다른 낱말)가 들어갑니다. 그 낱말을 빈칸에 쓰세요.

(1) [   ]
  나그네는 (   )를 넘어 마을로 내려갔다.
  * 길이 나 있어서 넘어 다닐 수 있는, 높은 산의 고개.

  짚이나 나무를 태운 (   )를 우려내 '잿물'을 만든다.
  * 물건이 불에 타고 남은 가루.

(2) [   ]
  진실이는 거짓말을 하면 얼굴에 (   )가 난다.
  * 겉으로 드러난 표시.

  수정이는 주말에 뮤지컬을 보려고 (   )를 예매했다.
  * 탈것을 타거나 어떤 곳에 들어가기 위해 사는 종이.

낱말이란 홀로 쓰일 수 있는 말입니다. 낱말을 구성하는 것이 어근과 접사인데, 이 둘의 결합 방식에 따라 낱말의 종류가 달라집니다. 어근은 낱말의 **중심** 의미를 나타내는 부분입니다. **단독**으로 낱말이 되기도 합니다. 어근 두 개 이상이 합쳐지거나, 어근과 접사가 결합되어 낱말을 이루기도 합니다. 접사는 혼자서는 쓰일 수 없으며, 어근에 붙어서 뜻을 더해 주는 역할을 합니다.

'어머니'라는 낱말을 '어', '머', '니'로 분리하면 **본디**의 뜻이 없어져 나누어 쓸 수 없습니다. '어머니'는 '자기를 낳아 준 여자'라는 의미를 나타내는, 어근 하나로 이루어진 낱말입니다. 이처럼 어근 하나가 단독으로 쓰여, 더는 나눌 수 없는 낱말을 단일어라고 합니다.

둘 이상으로 나눌 수 있는 낱말도 있습니다. 이를 복합어라고 합니다. 복합어는 다시 합성어와 파생어로 나뉩니다. 먼저, 합성어는 두 개 이상의 어근이 합쳐져 만들어진 낱말입니다. '책가방'은 '책'과 '가방'이라는 의미를 가진 두 어근이 합쳐져 만들어진 합성어입니다.

파생어는 어근에 접사가 붙어 만들어진 낱말입니다. 접사는 어근의 앞이나 뒤에 붙어 **특정한** 뜻이나 기능을 더합니다. 어근의 앞에 붙는 접사를 접두사라 부르고, 뒤에 붙는 접사를 접미사라고 합니다. '햇과일'은 '과일'이라는 어근 앞에 '햇-'이라는 접두사가 붙어 만들어진 파생어입니다. 여기서 접두사 '햇-'은 '그해에 새로 난', '얼마 되지 않은'이라는 뜻을 더하는 말입니다. 그래서 '햇과일'이란 '그해에 새로 난 과일'을 뜻합니다. '장난꾸러기'는 '장난'이라는 어근 뒤에 '그것이 심하거나 많은 사람'의 뜻을 가진 접미사 '-꾸러기'가 붙어 만들어진 낱말입니다.

중심 사물이나 행동에서 매우 중요하고 기본이 되는 부분. 中 가운데 중 心 중심 심　　**단독** 단 하나. 單 하나 단 獨 홀로 독　　**본디** 사물의 맨 처음 바탕.　　**특정한** 특별히 정해져 있는. 特 특별할 특 定 정할 정

1 이 글을 쓴 목적으로 알맞은 것을 고르세요.

① 자신의 주장으로 사람들을 설득하기 위해서.

② 여행하면서 보고, 듣고, 느낀 점을 사람들에게 알려 주기 위해서.

③ 실제로 일어난 사건을 사람들에게 알려 주기 위해서.

④ 인물의 생애, 업적, 성격 등을 소개하여 사람들에게 감동과 교훈을 주기 위해서.

⑤ 지식이나 정보를 사실 그대로 전달하여 사람들을 이해시키기 위해서.

2 다음 중 이 글에서 설명하지 않은 낱말을 찾아 ○표 하세요.

단일어   복합어   어근   합성어   접사   서술어   파생어

3 이 글에 대한 설명으로 틀린 것을 고르세요.

① 낱말이란 홀로 쓰일 수 있는 말이다.

② 접두사는 혼자 쓰일 수 있지만 접미사는 혼자 쓰일 수 없다.

③ 어근은 낱말의 중심 의미를 나타내는 부분이다.

④ 어근은 단독으로 낱말을 만들 수 있다.

⑤ '어머니'는 어근 하나가 단독으로 쓰여 더는 나눌 수 없는 단일어이다.

4 복합어에 대한 설명 중 옳은 것을 고르세요.

① 복합어는 단일어, 합성어, 파생어로 나뉜다.

② '책가방'은 어근 두 개가 합쳐져 만들어진 파생어이다.

③ '햇과일'은 접사 '햇-'과 어근 '과일'이 합쳐져 만들어진 합성어이다.

④ 어근 앞에 붙는 접사를 접미사, 어근 뒤에 붙는 접사를 접두사라고 한다.

⑤ '장난꾸러기'는 어근에 접사가 붙어 만들어진 파생어다.

5 다음 중 단일어가 <u>아닌</u> 것을 고르세요.

적용

① 아버지   ② 하늘   ③ 바다

④ 김밥   ⑤ 고래

6 다음 낱말들을 바르게 분류하세요.

적용

(1) 손수건 •

                                                 • ㉠ 합성어

(2) 헛수고 •

(3) 잠꾸러기 •

                                                 • ㉡ 파생어

(4) 봄비 •

7 빈칸에 들어갈 말을 알맞게 쓰세요.

추론

낱말	낱말의 구성	낱말의 종류
까치	어근: 까치	(1) [ ]
(2) [ ]	어근: + 어근:	합성어
낚시꾼	어근: (3) [ ] + 접사: (4) [ ]	파생어

1단계　다음 낱말들의 뜻을 바르게 이으세요.

(1) 단일어 •

(2) 합성어 •

(3) 파생어 •

• ㉠ 어근 하나가 단독으로 쓰여, 더는 나눌 수 없는 낱말.

• ㉡ 두 개 이상의 어근이 합쳐져 만들어진 낱말.

• ㉢ 어근에 접사가 붙어서 만들어진 낱말.

2단계　다음 문장의 빈칸에 알맞은 낱말을 위에서 찾아 쓰세요.

(1) 산딸기는 '산에서 나는 딸기'라는 뜻의 [   ] 이다.

(2) 햇사과는 '그해에 새로 난 사과'라는 뜻의 [   ] 이다.

(3) 딸기는 '딸'과 '기'로 나눌 수 없는 [   ] 이다.

3단계　다음 설명을 읽고 '본디'와 뜻이 비슷한 낱말을 고르세요.

(1)　| 본디 : 사물의 맨 처음 바탕. |

① 이전　　　　　② 나중　　　　　③ 마지막

④ 원래　　　　　⑤ 다음

꽃밭이나 들판에는 키와 모양이 제각각인 식물들이 자라고 있습니다. 하지만 식물의 기본적인 구조는 비슷합니다. 식물의 영양을 관리하고 생명을 유지하게 하는 '영양 기관'에는 뿌리, 줄기, 잎이 있습니다. 꽃은 식물의 '**생식 기관**'입니다.

식물이 서 있을 수 있게 **지탱**하는 것은 뿌리입니다. 뿌리 끝에는 부드러운 뿌리털이 있습니다. 뿌리털은 땅속의 수분과 영양분을 빨아들입니다. 뿌리 안에는 물관과 체관이 있습니다. 물관은 말 그대로 물이 이동하는 관입니다. 식물은 물관을 통해 뿌리가 빨아들인 물과 영양분을 위로 올려보냅니다. 반대로, 잎에서 만들어진 영양분은 체관을 통해 뿌리까지 전해집니다. 무, 당근, 고구마는 잎에서 만든 영양분을 뿌리에 **저장**하기도 합니다.

줄기는 주로 둥근 기둥 모양으로 생겼으며, 바깥쪽부터 **표피**, **내피**, 관다발로 이루어져 있습니다. 물과 영양분의 이동 통로인 관다발은 물관부와 체관부로 나뉩니다. 뿌리에서 흡수한 물과 영양분은 물관을 통해 잎까지 이동합니다. 잎에서 만들어진 영양분은 체관을 통해 여러 기관으로 전달됩니다. 물관과 체관은 뿌리, 줄기, 잎에 잘 이어져 있습니다. 줄기 자체에 물이나 영양분을 저장하는 식물도 있습니다. 선인장은 줄기에 물을 저장하여 건조한 곳에서도 물 없이 오래 버틸 수 있습니다. 감자, 양파, 토란, 연 등은 **땅속줄기**에 영양분을 저장합니다.

잎은 잎자루와 잎몸으로 나눌 수 있습니다. 잎자루는 줄기와 잎몸을 연결하는 부분입니다. 잎몸에는 잎맥이 있어 잎의 모양을 유지합니다. 잎맥은 물관과 체관으로 이루어져 있어, 물과 영양분을 이동하게 합니다. 잎의 뒷면에는 기공이라는 구멍이 있어 식물이 호흡할 수 있습니다. 또 식물이 이용하고 남은 수분도 밖으로 내보냅니다. 이것을 '증산 작용'이라고 합니다. 햇빛, 기공으로 받아들인 이산화 탄소, 뿌리에서 빨아들인 물을 이용하여, 잎은 영양분을 만들어 냅니다. 이 과정을 '광합성', 이 과정이 이루어지는 곳을 '엽록소'라고 합니다. 이 엽록소 때문에 식물의 잎이 녹색으로 보입니다.

꽃은 식물의 생식 기관으로, 대부분 암술, 수술, 꽃잎, 꽃받침으로 이루어져 있습니다. 이것들을 모두 지닌 꽃을 '갖춘꽃', 이것들 가운데 어떤 하나라도 없는 꽃을 '안갖춘꽃'이라고 합니다. 수술의 꽃가루가 암술에 옮겨 붙으면 씨앗과 열매가 자랍니다. 그리고 식물은 여러 방법으로 씨앗을 멀리 보내어 자손을 널리 퍼뜨립니다.

식물은 대부분 싹을 틔운 곳에서 죽을 때까지 지냅니다. 그래서 겉으로 보기에는 무척 단순해 보입니다. 하지만 자세히 살펴보면 동물만큼 복잡하고 신기한 구조를 지니고 있습니다.

생식 생물이 자기와 닮은 생물체를 만들어 종족을 유지함. 生 날 생 殖 번식할 식   **지탱** 무엇이 쓰러지지 않도록 받침. 支 지탱할 지 撑 버틸 탱   **저장** 물건이나 돈 등을 모아서 보관함. 貯 쌀을 저 藏 지킬 장   **표 피** 식물체의 표면을 덮고 있는 껍질. 表 겉 표 皮 껍질 피   **내피** 속에 있는 껍질. 內 안 내 皮 껍질 피   **땅 속줄기** 땅속에 있는 식물의 줄기.

1

내용
파악

이 글에 담기지 않은 내용은 무엇인가요?

① 식물의 영양 기관과 생식 기관.

② 뿌리의 역할.

③ 영양분을 줄기에 저장하는 식물.

④ 광합성이 이루어지는 곳.

⑤ 갖춘꽃 식물과 안갖춘꽃 식물의 예.

2

내용
파악

다음 중 이 글의 내용과 다른 것을 찾으세요.

① 식물도 호흡을 한다.

② 식물의 잎이 녹색으로 보이는 것은 엽록소 때문이다.

③ 뿌리, 줄기, 잎에 모두 물관과 체관이 이어져 있다.

④ 물관으로는 물만 이동한다.

⑤ 암술, 수술, 꽃잎, 꽃받침이 있는 꽃을 갖춘꽃이라고 한다.

3

내용
파악

식물이 물을 빨아들여 내뿜기까지의 과정을 올바로 나타낸 것을 찾으세요.

① 공기 중 → 엽록소 → 줄기 → 꽃 → 뿌리 → 땅속

② 공기 중 → 잎 → 뿌리 → 줄기 → 공기 중

③ 땅속 → 뿌리 → 줄기 → 잎 → 기공 → 공기 중

④ 땅속 → 뿌리 → 잎 → 꽃 → 기공 → 공기 중

⑤ 땅속 → 줄기 → 잎 → 꽃 → 뿌리 → 땅속

4 광합성을 간단하게 나타내었습니다. 빈칸에 알맞은 낱말을 쓰세요.

내용
파악

(1) ☐ ☐ + 이산화 탄소 + (2) ☐ ⟶ 광합성 ⟶ 영양분

5 다음 그림 속 (1) ~ (4)와 그곳이 하는 역할을 바르게 짝지으세요.

적용

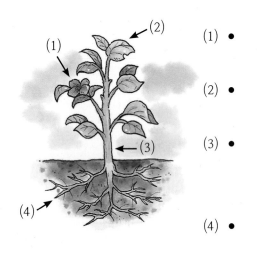

(1) •

(2) •

(3) •

(4) •

• ㉠ 물과 영양분이 잎과 뿌리로 이동하는 통로.

• ㉡ 식물의 생식 기관.

• ㉢ 식물이 땅 위에 서 있게 지탱함. 땅속의 물을 빨아들임.

• ㉣ 주로 호흡과 광합성을 함.

6 다음 글에서 설명하는 작용은 무엇인가요? 앞 글에서 찾아 쓰세요.

적용

식물은 기공으로 수분을 내보내 식물체의 온도를 적절하게 유지한다. 수분이 빠져나가면서 뿌리에서 흡수한 물을 위로 끌어올린다.

☐ ☐ 작용

7 햇빛이 잘 드는 곳에 있던 식물을 햇빛이 들지 않는 방에 옮겨 두면 어떻게 될까요?

추론

① 광합성을 못해 시들 것이다.

② 호흡을 못해 죽을 것이다.

③ 뿌리에서 물을 흡수하지 못해 마를 것이다.

④ 기온이 높아져 식물이 더 잘 자랄 것이다.

⑤ 변함 없이 잘 자랄 것이다.

어휘력 기르기

1단계　다음 낱말의 뜻을 찾아 줄로 이으세요.

(1) 생식　●　　　　　　　●　㉠ 물의 축축한 기운.

(2) 지탱　●　　　　　　　●　㉡ 무엇이 쓰러지지 않도록 받침.

(3) 수분　●　　　　　　　●　㉢ 생물이 자기와 닮은 생물체를 만들어 종족을 유지함.

2단계　위에서 배운 낱말을 빈칸에 넣어 문장을 완성하세요

(1) 땀을 많이 흘린 뒤에는 물을 마셔 몸에 [　　　　　　] 을 보충해야 한다.

(2) 쓰러질 듯 기울어져 있는 담장을 가느다란 막대기가 [　　　　　　] 하고 있다.

(3) 동물들은 대부분 [　　　　　　] 을 통해 자손을 퍼트린다.

3단계　다음 뜻에 알맞은 낱말을 빈칸에 넣어 십자말풀이를 하세요.

(1) 물건이나 돈 등을 모아서 보관함.

(2) 척추동물의 가슴이나 배 안에 있는 여러 기관을 통틀어 이르는 말.

(3) 속에 있는 껍질.

(4) 식물체의 표면을 덮고 있는 껍질.

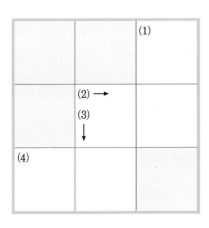

우리는 인터넷을 이용해 친구들과 이야기를 주고받으며, 세계 곳곳에서 일어나는 소식도 접합니다. 또 학교에 가지 않고도 수업을 들을 수 있고, 시장에 가지 않고도 물건을 살 수 있습니다. 이렇듯 인터넷은 우리 생활에 없어서는 안 되는 삶의 일부가 되었습니다.

그러나 인터넷의 발달은 삶의 편리함뿐 아니라 **폐해**도 가져왔습니다. 인터넷 **중독**으로 일상생활에 어려움을 겪거나, 인터넷 대화방 등에서 **폭언**이나 욕설을 듣고 마음에 상처를 입기도 합니다. 또 **개인 정보 유출** 등으로 사생활이 **침해**되기도 하고, **허위** 정보로 피해를 보기도 하며, 자료를 내려 받다가 바이러스에 감염되어 컴퓨터가 고장 나기도 합니다. 이런 일이 일어나는 까닭은, 인터넷 공간에서는 ㉠실제 이름을 사용하지 않고, 서로의 얼굴을 보이지 않기 때문입니다. 인터넷 예절에 대해 잘 모르는 것도 큰 원인입니다. 인터넷 사용이 일상화된 만큼 우리는 인터넷 예절을 잘 알고, 실천해야 합니다.

첫째, 상대방에게 불쾌감을 주는 말은 **삼가야** 합니다. 예를 들어, 온라인 게임에서 지거나 게임이 잘 풀리지 않는다고 욕설이나 폭언을 하며 상대에게 화풀이하지 말아야 합니다. 자신과 생각이 다르다고 타인을 함부로 **비방**하는 내용의 악성 **댓글**을 달아서도 안 됩니다. 글을 쓰거나 대화를 할 때에는 줄임말이나 **비속어**를 쓰지 않고, 바르고 고운 말로 자기의 생각을 자유롭게 표현합니다.

둘째, 다른 사람의 **저작권**을 침해하지 않습니다. 글, 그림, 사진 등에는 저작권이 있는 경우가 많습니다. 따라서 ㉡다른 사람의 글이나 그림, 노래 등을 사용하려면 **사전**에 창작자의 허락을 받거나 정당한 대가를 지불하고 이용해야 하며, **출처**를 밝히는 습관을 지녀야 합니다.

셋째, 다른 사람의 사생활과 개인 정보를 보호합니다. 다른 사람의 모습이 담긴 사진이나 동영상을 인터넷 공간에 올릴 때에는 반드시 허락을 얻어야 합니다. 또 다른 사람의 개인 정보를 동의 없이 알려 주지 않습니다. 개인 정보나 사생활이 유출되면 그 사람에게 큰 피해가 발생할 수 있어, 개인 정보를 함부로 다른 사람에게 제공하는 일은 법으로 금지하고 있습니다.

게임, 인터넷 대화방, 게시판 등 인터넷을 사용하는 시간은 계속 늘어나고 있습니다. 인터넷 공간은 현실 사회와 별로 다르지 않습니다. 여러 사람이 이용하고, 소통하고, 즐기는 곳입니다. 따라서 인터넷을 사용할 때에는 예절을 갖추고 타인을 배려해야 합니다.

폐해 어떤 일 때문에 입는 해로움. 弊 해 폐 害 해 해　**중독** 무엇을 지나치게 사용하여 그것 없이는 견디지 못하는 상태. 中 가운데 중 毒 독 독　**폭언** 거칠고 사납게 하는 말. 暴 사나울 폭 言 말씀 언　**개인 정보** 이름, 주민 등록 번호, 주소 등 개인을 알아볼 수 있는 정보. 個 낱 개 人 사람 인 情 사실 정 報 알릴 보　**유출** 중요한 정보나 사물이 불법적으로 밖으로 나감. 流 흐를 유 出 나갈 출　**침해** 침범하여 해를 끼침. 侵 침범할 침 害 해할 해　**허위** 진실이 아닌 것을 진실인 것처럼 꾸민 것. 虛 헛될 허 僞 거짓 위　**삼가야** 말이나 몸가짐을 조심해야.　**비방** 남을 헐뜯고 욕하는 것. 誹 헐뜯을 비 謗 헐뜯을 방　**댓글** 인터넷에 오른 본문에 짧막하게 답하여 올리는 글.　**비속어** 품위 없고 천한 말. 卑 낮출 비 俗 저급할 속 語 말씀 어　**저작권** 글, 노래, 그림 같은 것을 지은 사람이 지은이로서 가지는 권리. 著 지을 저 作 작품 작 權 권리 권　**사전** 일이 일어나기 전. 또는 일을 시작하기 전. 事 일 사 前 앞 전　**출처** 말이나 물건이 처음 나온 곳. 出 날 출 處 곳 처

1

**중심
생각**

이 글의 중심 생각을 고르세요.

① 인터넷은 우리 삶의 일부다.

② 인터넷 예절을 잘 알고 실천해야 한다.

③ 인터넷 공간은 여러 사람이 소통하는 곳이다.

④ 인터넷 공간에서는 실제 이름을 사용해야 한다.

⑤ 인터넷의 발달은 삶의 편리함뿐 아니라 폐해도 가져왔다.

2

**내용
파악**

다음 중 인터넷 사용의 폐해로 바르지 <u>않은</u> 것을 고르세요.

① 인터넷에 중독될 수 있다.

② 언어폭력을 당할 수 있다.

③ 개인 정보가 유출될 수 있다.

④ 허위 정보로 피해를 볼 수 있다.

⑤ 학교에 가지 않고도 수업을 들을 수 있다.

3

어휘

밑줄 친 ㉠으로 인해 피해가 발생하기도 합니다. ㉠이 뜻하는 낱말은 무엇인가요?

① 익명성　　　　　　　　② 고유성

③ 실명성　　　　　　　　④ 보안성

⑤ 양면성

4 이 글의 내용과 <u>다른</u> 것을 고르세요.

내용
파악

① 인터넷은 우리 삶의 일부가 되었다.

② 다른 사람의 사생활이나 개인 정보를 보호해야 한다.

③ 인터넷을 사용할 때에는 예절을 갖추어야 한다.

④ 다른 사람의 글이나 그림을 쓸 때에는 허락을 받아야 한다.

⑤ 타인을 비방하는 글에는 악성 댓글을 달아 글쓴이를 혼내 주어야 한다.

5 밑줄 친 ⓒ과 관계있는 권리는 무엇인가요?

배경
지식

① 자유권　　　　　② 평등권　　　　　③ 저작권

④ 참정권　　　　　⑤ 사회권

6 다음 중 글쓴이와 <u>다른</u> 관점을 가진 사람은 누구인가요?

적용

① 성주: 대화방에 들어가고 나갈 때에는 인사를 하는 게 좋아.

② 세찬: 다른 사람의 정보를 인터넷에 함부로 올리면 안 돼.

③ 동욱: 자료를 올릴 때에는 창작자의 허락을 받는 게 좋겠어.

④ 은정: 대화방에서 대화할 때에는 친근감이 들도록 욕을 써도 돼.

⑤ 희찬: 친구와 찍은 사진을 인터넷에 올릴 때에는 그 친구에게 물어봐야 해.

7 이 글의 주장에 맞게 행동한 사람은 누구인가요?

적용

① 경아: 날마다 하루 세 시간씩 효준이와 인터넷 게임을 했어.

② 유현: 인터넷 음악 사이트에 이용료를 내고 노래를 내려받았어.

③ 보령: 인터넷에 잘 쓴 독후감이 있어서 그 글을 베껴서 숙제로 냈어.

④ 승하: 대화방에서 내게 욕을 한 친구가 있어서 나도 똑같이 욕을 했어.

⑤ 재원: 게임을 할 때에는 얼굴이 안 보이니까 중학생이라고 말해도 괜찮아.

어휘력 기르기

1단계 다음 낱말의 뜻을 찾아 줄로 이으세요.

(1) 폐해 •

(2) 유출 •

(3) 출처 •

• ㉠ 어떤 일 때문에 입는 해로움.

• ㉡ 말이나 물건이 처음 나온 곳.

• ㉢ 중요한 정보나 사물이 불법적으로 밖으로 나감.

2단계 위에서 배운 낱말을 빈칸에 넣어 문장을 완성하세요.

(1) 홍수, 가뭄, 사막화 등은 지구 온난화로 인한 [   ] 다.

(2) 박물관에서는 문화재가 [   ] 되지 않도록 보안을 강화했다.

(3) 인터넷에 있는 글이나 사진 등을 이용할 때에는 [   ] 를 밝혀야 한다.

3단계 낱말 풀이를 읽고, 빈칸에 알맞은 낱말을 넣어 문장을 완성하세요.

(1) 119에 [ ][ ] 로 신고하면 처벌을 받는다.

  * 진실이 아닌 것을 진실인 것처럼 꾸민 것.

(2) 사람들이 연예인의 집까지 찾아가 개인 생활을 [ ][ ] 하고 있다.

  * 침범하여 해를 끼침.

(3) 이 그림은 내가 그렸으니 [ ][ ][ ] 은 나에게 있다.

  * 글, 노래, 그림 같은 것을 지은 사람이 지은이로서 가지는 권리.

해바라기 씨

정지용

해바라기 씨를 심자.
담 모롱이 참새 눈 숨기고
해바라기 씨를 심자.

누나가 손으로 **다지고** 나면
바둑이는 앞발로 다지고
괭이가 꼬리로 다진다.

우리가 눈 감고 한 밤 자고 나면
이슬이 내려와 같이 자고 가고,

우리가 이웃에 간 동안에
㉠ 햇빛이 입 맞추고 가고,

해바라기는 첫 **시악시**인데
사흘이 지나도 부끄러워
㉡ 고개를 아니 든다.

가만히 **엿보러** 왔다가
소리를 깩! 지르고 간 놈이 –
오오, 사철나무 잎에 숨은
청개구리 고놈이다.

담 모롱이 '담이 구부러지거나 꺾어져 돌아간 곳'을 뜻하는 '담 모퉁이'를 시에서 표현한 말.　**다지고**
누르거나 밟거나 쳐서 단단하게 하고.　**괭이** '고양이'의 준말.　**시악시** '갓 결혼한 젊은 여자'를 뜻하
는 '색시'의 사투리.　**엿보러** 남의 행동을 몰래 보러.

1

핵심어

이 시에서 가장 중요한 말은 무엇인가요?

① 누나

② 청개구리

③ 이슬

④ 해바라기 씨

⑤ 바둑이

2

내용
파악

해바라기 씨가 싹을 틔우는 데에 도움을 주지 <u>않은</u> 것을 고르세요.

① 참새

② 누나

③ 이슬

④ 괭이

⑤ 바둑이

3

내용
파악

말하는 이가 싹이 트지 않는 해바라기 씨를 안타까워하는 내용이 담긴 것은 몇 연인가요?

연

4

내용
파악

이 시에 대한 설명으로 바르지 <u>않은</u> 것을 찾으세요.

① 반복되는 말이 사용되었다.

② 6연 17행으로 이루어져 있다.

③ 연마다 감탄하는 말을 사용했다.

④ 해바라기를 시악시에 비유하였다.

⑤ 말하는 이는 해바라기 싹이 트기를 바라고 있다.

5 해바라기 씨를 심은 곳은 어디인가요?

내용
파악

① 마당   ② 옆집   ③ 담 모롱이

④ 사철나무 옆   ⑤ 바둑이 집 앞

6 참새 눈을 피해서 해바라기 씨를 심은 까닭은 무엇일까요?

추론

① 참새가 해바라기 씨를 품을까 봐.

② 참새가 해바라기 씨를 먹을까 봐.

③ 참새가 바둑이와 괭이에게 잡아먹힐까 봐.

④ 참새가 해바라기 씨 심은 곳을 다질까 봐.

⑤ 참새가 해바라기 씨를 다른 곳에 옮겨 심을까 봐.

7 아래 설명을 읽고, ㉠과 같이 '의인법'이 쓰인 문장을 고르세요.

표현

> ㉠ 햇빛이 입 맞추고 가고
>
> 사람이 아닌 것(햇빛)을 사람처럼 나타내는(입 맞추고 가고) 표현 방식을 '의인법'이라고 한다.

① 하늘이 푸르다.   ② 강물이 얼음처럼 차갑다.

③ 아기가 방긋방긋 웃는다.   ④ 어머니 마음은 바다같다.

⑤ 나무가 손을 흔들며 인사한다.

8 밑줄 친 ㉡의 뜻으로 알맞은 것은 무엇인가요?

추론

① 해바라기가 시들어 죽었다.

② 해바라기 씨가 없어졌다.

③ 해바라기 줄기가 꺾여 있다.

④ 해바라기 싹이 돋지 않았다.

⑤ 해바라기 꽃이 피지 않는다.

1단계 다음 낱말의 뜻을 찾아 선으로 이으세요.

(1) 다지고 ●   ● ㉠ 남의 행동을 몰래 보러.

(2) 엿보러 ●   ● ㉡ 누르거나 밟거나 쳐서 단단하게 하고.

2단계 위에서 배운 낱말을 빈칸에 넣어 문장을 완성하세요.

(1) 수민이는 모래로 지은 두꺼비집을 잘 [   ] 친구들과 놀았다.

(2) 진호는 형이 빵 만드는 모습을 [   ] 주방에 갔다.

3단계 두 문장의 뜻이 같아지도록 밑줄 친 부분을 알맞게 바꾸어 쓰세요.

동생이 고개를 <u>안 든다</u>. → 동생이 고개를 <u>들지 않는다</u>.

(1) 은수는 오이를 <u>안 먹는다</u>. → 은수는 오이를 [   ].

(2) 지금은 비가 <u>안 온다</u>. → 지금은 비가 [   ].

(3) 영주는 책을 <u>안 읽었다</u>. → 영주는 책을 [   ].

옛날, 백두산 **자락** 흑룡담이라는 큰 늪이 있는 마을에 쌍둥이 삼 형제가 살고 있었어요. 삼 형제가 여덟 살이 되자, 어머니가 말했어요.

㉠ "너희는 각자 다른 길로 가서, 세상에 쓰임이 될 만한 재주를 10년 동안 배워 오거라."

헤어져 길을 나선 삼 형제는 각자 다른 스승을 찾아가 열심히 재주를 익혔어요. 그 결과, 첫째는 방석에 앉아 손바닥을 '탁' 치면 먼 길도 **한달음**에 날아갈 수 있었고, 둘째는 한쪽 눈을 감고 보면 먼 곳도 바로 앞처럼 내다볼 수 있었으며, 막내는 **무예**를 익혀 칼과 활 솜씨가 매우 뛰어났어요. 하지만 다시 모인 삼 형제는 세상에 재주를 드러내지 않고 어머니와 함께 농사를 지으며 평범하게 살았어요.

그러던 어느 여름날이었어요. 맑은 하늘에 갑자기 먹구름이 뒤덮이더니 **광풍**이 불고 천둥이 몰아치면서 비가 쏟아졌어요. **천지**가 캄캄해서 눈앞도 보이지 않았어요. 비가 그치고 나서도 세상은 여전히 **칠흑**처럼 깜깜했어요. 대낮에도 하늘에 태양이 보이지 않았어요. 사람들은 무서움에 떨었지요. 그때 어머니가 삼 형제를 모아 놓고 말했어요.

㉡ "너희가 나설 때가 왔구나. 셋이 힘을 합쳐 해를 찾아오너라."

삼 형제는 세상을 샅샅이 살폈지만 해는 보이지 않았어요. **궁리** 끝에 자신들의 스승을 찾아가 물어보았어요. 그러자 한 스승이 말하였어요.

"흑룡담에 사는 흑룡의 장난이라네. 흑룡담 속에는 커다란 흑룡 암수가 살고 있다네. 그놈들이 한 번씩 하늘로 솟아올라 말썽을 부리는데, 지금 암놈이 하늘로 날아올라 해를 삼켰다네. 그때 수놈도 따라서 하늘로 올라갔지. 누가 흑룡을 물리치고 해를 되찾을 수 있을지……."

"저희가 하겠습니다. 반드시 해를 찾아오겠습니다."

삼 형제는 첫째의 방석을 타고 칠흑 같은 하늘로 날아올랐어요. 둘째가 한쪽 눈을 감고 먼 곳을 내다보다가 흑룡 두 마리를 찾아냈어요. 삼 형제는 그쪽으로 날아갔어요.

흑룡과의 싸움은 **치열했어요**. 삼 형제는 죽음을 **무릅쓰고** 흑룡과 싸웠어요. 마침내 막내가 쏜 화살이 암룡의 허리에 맞았어요. 암룡은 하늘이 무너질 듯한 비명을 지르며 삼켰던 해를 토해 냈어요. 그러고는 흑룡담에 빠져 죽고 말았지요. 홀로 남은 수컷은 다시 흑룡담 속으로 들어가 버렸어요.

삼 형제가 해를 찾아 돌아왔지만, 어머니는 계속 걱정했어요.

"물속으로 들어간 흑룡도 죽었느냐?"

"아마 살아 있을 겁니다."

"그렇다면 언제 흑룡이 다시 해를 삼키려 들지 모른다. 너희는 하늘에 올라가 해를 지키거라."

삼 형제는 밤하늘로 올라가 해를 지켰어요. 그리고 다시는 내려오지 않았어요. 그때 밤하늘에 ⓒ 유난히 반짝이는 별 세 개가 생겨났는데, 그것이 바로 태양을 지키는 별, **삼태성**이랍니다.

– 전래 동화, 〈별 삼 형제, 삼태성〉

자락 논밭이나 산 따위의 넓은 부분.　**한달음** 중간에 쉬지 않고 한 번에 달려감.　**무예** 무술에 관한 재주. 武 무술 무 藝 재주 예　**광풍** 미친 듯이 사납게 부는 바람. 狂 미칠 광 風 바람 풍　**천지** 온 세상. 天 하늘 천 地 땅 지　**칠흑** 까맣고 반들거리는 빛깔. 漆 옻 칠 黑 검을 흑　**궁리** 일을 처리하기 위해 깊이 생각하는 것. 窮 연구할 궁 理 깨달을 리　**치열했어요** 기세나 분위기가 매우 뜨거웠어요. 熾 불사를 치 烈 세찰 열　**무릅쓰고** 힘들고 어려운 일을 참고 견디고.　**삼태성** 큰곰자리에 있는 별 세 개. 三 석 삼 台 별 태 星 별 성

1

이 이야기의 중심인물은 누구인가요?

① 어머니　　　　② 삼 형제　　　　③ 스승님

④ 흑룡　　　　⑤ 태양

2

㉠과 ㉡에서 알 수 있는 어머니의 성격을 찾으세요.

① 삼 형제를 미워한다.　　　　② 삼 형제에게 무관심하다.

③ 삼 형제를 믿고 엄하게 대한다.　　　　④ 참을성이 강하고 희생적이다.

⑤ 자신이 할 일을 다른 사람에게 미룬다.

3

이 이야기의 내용과 일치하지 <u>않는</u> 것을 고르세요.

① 막내는 무예를 익혔다.

② 암룡이 해를 삼켜서 세상에 빛이 사라졌다.

③ 둘째는 먼 곳도 내다볼 수 있는 재주를 익혔다.

④ 흑룡은 막내의 칼을 맞고 흑룡담에 빠져 죽었다.

⑤ 첫째는 방석을 타고 먼 곳도 날아갈 수 있는 재주를 배웠다.

4 이 이야기의 내용으로 보아 ©으로 변한 것은 무엇인가요?

<추론>

⬜

5 이 이야기의 사건들을 일어난 순서대로 나열하세요.

<줄거리>

① 어느 여름날, 태양이 사라져 버렸다.

② 해를 지키기 위하여 하늘로 올라간 삼 형제는 '삼태성'이 되었다.

③ 삼 형제가 암수 흑룡과 싸워 태양을 되찾았다.

④ 삼 형제는 해를 삼킨 흑룡을 찾아 하늘로 올라갔다.

⑤ 어머니가 삼 형제에게 세상에 쓰임이 될 만한 재주를 배워 오라고 했다.

⬜ → ⬜ → ⬜ → ⬜ → ⬜

6 이 이야기의 내용과 어울리지 <u>않는</u> 느낌이나 생각을 말한 사람은 누구인가요?

<감상>

① 효원: 어머니의 말씀을 잘 따르는 걸 보니 삼 형제는 효심이 깊은 것 같아.

② 세정: 무서운 흑룡들과 싸워 해를 되찾아 온 삼 형제는 정말 용감해.

③ 지은: 태양이 사라져서 대낮에도 캄캄했을 때는 너무 무서웠을 것 같아.

④ 수혁: 삼 형제를 하늘로 떠나보낼 때, 어머니는 삼 형제가 대견하면서도 안타까웠을 거야.

⑤ 주연: 자신들의 재주를 이용하면 큰 돈을 벌었을 텐데, 그걸 숨기고 산 삼 형제는 참 어리석어.

1단계　다음 낱말의 뜻을 찾아 선으로 이으세요.

(1) 광풍　●　　　　　　　　　　　● ㉠ 미친 듯이 사납게 부는 바람.

(2) 칠흑　●　　　　　　　　　　　● ㉡ 일을 처리하기 위해 깊이 생각하는 것.

(3) 궁리　●　　　　　　　　　　　● ㉢ 까맣고 반들거리는 빛깔.

2단계　위에서 배운 낱말을 빈칸에 넣어 문장을 완성하세요.

(1) 　　　　　　　　　 같은 어둠 속에서, 별은 더욱 밝게 보인다.

(2) 지난밤 불어닥친 　　　　　　　　　 에 나뭇잎이 모두 떨어졌다.

(3) 지윤이는 어려움에 처한 성균이에게 도움을 주려고 방법을 　　　　　　　　　 했다.

3단계　아래 설명을 읽고, 밑줄 친 낱말이 쓰인 뜻을 찾아 번호를 쓰세요.

> 天　　地
> 하늘 천　땅 지
>
> ① 온 세상.
> ② 어떤 것이 '대단히 많음'의 뜻.

(1) 지금 뒷산은 개나리 천지다.　　　　　　　　　　　　　　　　(　　　)

(2) 천지에 민성이보다 착한 사람은 없을 것이다.　　　　　　　(　　　)

나라와 나라 사이에 필요한 물건을 사고파는 일을 무역이라고 합니다. 그런데 무역이 언제나 **공정하게** 이뤄지지만은 않습니다. 많은 이익을 남기기 위해 기업이 불법 거래를 하기도 하고, **원료**를 공급하는 **개발 도상국** 생산자에게 정당한 대가를 주지 않기도 합니다.

이러한 문제를 해결하기 위해 시작된 것이 '공정 무역'입니다. 제품을 팔아 벌어들인 돈을 기업과 중간 상인이 대부분 차지하는 불공정 구조를 바꾸어, 생산자에게 정당한 값을 지불하고 소비자에게는 좋은 제품을 공급하는 무역 형태입니다. 공정 무역은 개발 도상국의 생산자가 경제적으로 **자립**할 수 있도록 돕고, 중간 상인의 개입을 줄여 **유통** 비용을 낮춥니다. **아울러** 어린이의 노동력 **착취**를 없애고, ㉠ 친환경적으로 제품을 생산하는 무역 방식입니다.

대표적인 공정 무역 제품은 초콜릿입니다. 초콜릿의 주원료인 카카오는 사람이 일일이 손을 써야 수확할 수 있는 농작물입니다. 그런데 이 수확 과정에 어린이들의 노동력이 헐값에 동원되고 있습니다. 하지만 ㉡ '착한 초콜릿'이라고도 불리는 공정 무역 초콜릿은, 어린이의 노동력을 착취하지 않고, 농부들에게 정당한 대가를 치르며 수확한 카카오로 만듭니다. 공정 무역으로 거래되는 제품에는 카카오, 커피, 설탕, **면화**와 같은 농산물을 비롯해 축구공 같은 **수제품** 등이 있습니다.

공정 무역 운동은 1950년대에 시작되었습니다. 영국의 **빈민 구호 단체**인 '옥스팜'이 동유럽과 중국 **난민**들이 만든 **수공예품**을 수입하였습니다. 그러다 1980년대에 들어, 시민 단체들이 뛰어들고 **인증 마크**가 생기면서 대중에게 확산되었습니다. 우리나라에서는 2003년에 '아름다운가게'에서 네팔·인도산 수공예품을 판매하면서 공정 무역이 시작됐습니다. 현재는 한국 YMCA, 두레소비자생활협동조합, 아이쿱생협 등의 단체가 참여하고 있습니다.

공정 무역 상품에는 페어트레이드(FAIRTRADE) 마크가 붙습니다. 이는 국제공정무역기구가 심사하여 통과한 제품임을 알려 주는 표시입니다.

국제공정무역기구는 매년 5월 둘째주 토요일을 '세계 공정무역의 날'로 지정해 각종 행사를 개최하고 있습니다.

공정하게 공평하고 올바르게. ☆ 공평할 공 正 바를 정　**원료** 어떤 물건을 만드는 데에 들어가는 재료. 原 근원 원 料 재료 료　**개발 도상국** 산업의 근대화와 경제 개발이 선진국에 비하여 뒤떨어진 나라. 開 열 개 發 필 발 途

길 도 上 위 상 國 나라 국　**자립** 남의 힘을 빌리지 않고 스스로 섬. 自 스스로 자 立 설 립　**유통** 상품이 생산자에서 상인을 거쳐 소비자에게로 옮겨가기까지의 여러 활동. 流 흐를 유 通 통할 통　**아울러** 동시에 함께.　**착취** 자원, 재산, 노동력 따위를 정당한 대가를 주지 않고 이용하는 짓. 搾 짤 착 取 가질 취　**면화** 솜털을 모아 솜을 만들고 그 솜으로 실을 뽑아 내며, 씨로는 기름을 짜는 풀. 綿 솜 면 花 꽃 화　**수제품** 손으로 만든 물건. 手 손 수 製 지을 제 品 물건 품　**빈민 구호 단체** 전쟁이나 재난을 당해 어려운 사람들을 돕기 위해 조직한 단체. 貧 가난할 빈 民 백성 민 救 구원할 구 護 도울 호 團 단체 단 體 몸 체　**난민** 전쟁이나 재난을 당해 어려움을 겪는 사람. 難 어려울 난 民 백성 민　**수공예품** 기계 등을 쓰지 않고 손으로 직접 만든 예술적인 물품. 手 손 수 工 장인 공 藝 재주 예 品 물건 품　**인증 마크** 정부 기관 등이 품질이 우수한 제품을 대상으로 주는 표시. 認 인정할 인 證 증명서 증 mark

---

1 이 글의 중심 소재는 무엇인가요?

핵심어

① 옥스팜　　　② 공정 무역　　　③ 아동 노동

④ 카카오 농장　　⑤ 개발 도상국

2 공정 무역에 대한 설명으로 바르지 <u>않은</u> 것을 고르세요.

내용
파악

① 물건을 생산할 때 어린이의 노동력을 착취하지 않는다.

② 국제공정무역기구의 심사에 통과한 제품에는 페어트레이드 마크가 붙는다.

③ 원료를 생산하는 생산자에게 수익의 전부를 준다.

④ 개발 도상국의 생산자가 경제적으로 자립할 수 있도록 돕는다.

⑤ 영국의 빈민 구호 단체인 '옥스팜'이 시작하였다.

3 이 글의 특징으로 가장 알맞은 것을 고르세요.

내용
파악

① 공정 무역에 대해 정보를 알려 준다.　　② 공정 무역 제품을 이용하자고 주장한다.

③ 국제 평화 기구를 소개한다.　　　　　④ 세계 공정무역의 날을 홍보한다.

⑤ 어린이의 노동 착취 실태를 고발하고 있다.

4주 | 16회 69

4 밑줄 친 ㉠에서 짐작할 수 없는 것을 고르세요.

추론

① 농약을 쓰지 않는다.

② 화학 비료를 사용하지 않는다.

③ 제품 생산 과정에서 오염된 물을 정화하여 배출한다.

④ 온실 가스 배출을 줄이기 위해 에너지를 절약한다.

⑤ 생산 과정 중 발생하는 쓰레기를 땅에 묻는다.

5 밑줄 친 ㉡이 가리키는 초콜릿은 어느 것인가요?

추론

① 착한 사람들이 만든 초콜릿.

② 맛이 좋고 가격이 싼 초콜릿.

③ 어린이가 생산한 초콜릿.

④ 생산자에게 정당한 대가를 치르고 생산한 초콜릿.

⑤ 농약과 비료를 많이 사용하여 만든 초콜릿.

6 우리나라에서 공정 무역을 처음 실시한 단체를 찾으세요.

내용
파악

① 옥스팜   ② 아름다운가게

③ 한국 YMCA   ④ 두레소비자생활협동조합

⑤ 아이쿱생협

7 다음 중 공정 무역 제품을 산 사람은 누구인가요?

적용

① 재래 시장에서 바나나를 산 세정.

② 무농약 인증 마크가 붙은 설탕을 산 현석.

③ 페어트레이드 마크가 붙은 축구공을 산 나은.

④ 유기농 인증 마크가 붙은 딸기잼을 산 원희.

⑤ 유명한 외국 기업에서 만든 초콜릿을 산 태정.

어휘력 기르기

1단계 다음 낱말의 뜻을 찾아 선으로 이으세요.

(1) 자립　●

(2) 유통　●

(3) 난민　●

●　㉠ 전쟁이나 재난을 당해 어려움을 겪는 사람.

●　㉡ 남의 힘을 빌리지 않고 스스로 섬.

●　㉢ 상품이 생산자에서 상인을 거쳐 소비자에게로 옮겨가기까지의 여러 활동.

2단계 위에서 배운 낱말을 빈칸에 넣어 문장을 완성하세요.

(1) 요즘도 세계 곳곳에서 전쟁이 벌어져 [　　　　　] 이 발생하고 있다.

(2) 여름철에는 [　　　　　] 과정 중에 식료품이 상하기도 한다.

(3) 공정 무역은 개발 도상국의 생산자가 경제적으로 [　　　　　] 할 수 있도록 돕는다.

3단계 밑줄 친 낱말의 비슷한말이나 반대말을 앞 글에서 찾아 쓰세요.

(1) 아저씨는 과일을 싼값에 팔았다.

(2) 올해는 작년보다 수출이 두 배나 늘었다.

(3) 변호사가 되어 부당한 일을 당한 사람을 돕고 싶다.

[가] 경상남도 합천의 해인사에는 팔만대장경이 보관되어 있습니다. **대장경판**의 개수가 8만 장이 넘는다고 하여 '팔만대장경'이라 불립니다. 고려 시대에 **간행**되었다고 해서 정식 명칭이 '고려 대장경'입니다. 초조대장경에 이어 다시 만들었다고 하여 '재조대장경'이라고도 부릅니다. 대장경은 부처의 가르침과 승려가 지켜야 할 **계율** 그리고 제자들이 부처의 말을 해설한 글을 종합적으로 모은 **경전**입니다.

[나] 팔만대장경은 고려 고종 때, 부처의 힘으로 몽골의 침입을 이겨 내고자 만든 대장경입니다. 왕부터 백성까지 모두 불교를 믿었던 고려 시대에, 부처의 힘에 의지해 나라의 위기를 극복하고자 했습니다. 원래 대장경은 고려 현종(**재위**: 1009~1031) 때 거란의 침입을 물리치기 위해 만들었습니다. 이것을 처음 새긴 대장경이란 뜻으로 '초조대장경'이라고 합니다. 그런데 몽골의 침입으로, 1232년에 초조대장경이 불에 타 없어졌습니다. 이후 1236년에 대장경판을 다시 만들기 시작해 1251년에 완성했는데, 이것이 팔만대장경입니다.

[다] 팔만대장경판은 **목판**에 새긴 것임에도 글자가 고르고 **정밀하며** 아름답다는 평가를 받고 있습니다. 또 지금까지 남아있는 목판 대장경 중에서 가장 오래되고, 내용도 완벽하여 **세계 기록 유산**으로 지정하여 보호하고 있습니다. 팔만대장경판이 수많은 **재해**와 전쟁에서도 오래도록 잘 보존된 것은 제작 기술과 보관 방법이 뛰어났기 때문입니다.

[라] 팔만대장경판은 나무로 만들었습니다. 나무를 잘라서 바닷물에 3년 동안 담가 놓은 뒤 다시 소금물에 쪄서 말렸습니다. 글자를 새기는 일은 전국에서 이름난 목수와 **서예가**들이 하였는데, 이들은 불교의 경전을 깨끗한 종이에 쓴 뒤, 목판 위에 뒤집어 붙이고 글자를 한 자 한 자 새겼습니다. 그런 다음 **경판** 표면에 **옻칠**을 하여 벌레가 먹거나 습기에 썩어 훼손되는 것을 방지하였습니다. 마지막으로 경판이 뒤틀리지 않게 네 귀퉁이를 구리로 단단히 고정하였습니다.

↑ 합천 해인사 대장경판(출처: 문화재청)

[마] 장경판전이라는 건물을 지어 팔만대장경을 보관하였습니다. 빛이 잘 들도록 건물 아래쪽에 문을 내고, 바람이 잘 통하도록 앞뒤 벽에 창을 내었습니다. 그리고 팔만대장경을 보관하는 실내에는 선반을 만들어 바닥과 공간을 약간 두었습니다. 바닥에는 숯과 **횟가루**, 소금, 모래를 차례로 깔아 습도를 조절하고 해충의 피해를 줄였습니다. 그 결과, 팔만대장경은 새긴 지 700여 년이 지난 지금까지도 잘 보존되어 있습니다. 팔만대장경이 보관된 장경판전도 문화적·역사적 가치를 인정받아 세계 문화유산으로 지정하여 보호하고 있습니다.

대장경판 대장경을 책으로 찍어내기 위한 인쇄 목판. 大 큰 대 藏 감출 장 經 글 경 版 널빤지 판　**간행** 책 따위를 인쇄하여 발행함. 刊 책 펴낼 간 行 할 행　**계율** 불교를 믿는 사람들이 지켜야 할 규칙. 戒 경계할 계 律 법 율　**경전** 종교의 교리나 이치 등을 적은 책. 經 불경 경 典 경전 전　**재위** 임금의 자리에 있는 동안. 在 있을 재 位 자리 위　**목판** 인쇄하기 위해 그림이나 글씨를 새긴 나무 판. 木 나무 목 版 널빤지 판　**정밀하며** 작은 부분까지 빈틈이 없고 자세하며. 精 정밀할 정 密 빈틈없을 밀　**세계 기록 유산** 유네스코가 세계의 귀중한 기록물을 보존하고 활용하고자 선정하는 문화유산. 世 세상 세 界 경계 계 記 기록할 기 錄 기록할 록 遺 남길 유 産 낳을 산　**재해** 뜻밖에 일어난 사고로 받는 피해. 災 재앙 재 害 해로울 해　**서예가** 붓글씨를 직업적으로 쓰는 예술가. 書 글 서 藝 재주 예 家 전문가 가　**경판** 간행하기 위해 나무나 금속에 불경을 새긴 판. 經 불경 경 板 널빤지 판　**옻칠** 가구나 나무 그릇 따위에 윤을 내기 위하여 옻나무의 진을 바르는 일. **횟가루** 비료, 시멘트, 유리 등을 만드는 데에 쓰는 흰 가루.

1 팔만대장경에 대한 설명 중 <u>틀린</u> 것을 고르세요.

내용
파악

① 세계 기록 유산으로 지정되었다.

② 경상남도 합천 해인사에 보관되어 있다.

③ 700여 년이 지난 지금까지 잘 보존되어 있다.

④ 고려 때, 몽골의 침입을 이겨 내기 위해 만들었다.

⑤ 금속판 8만여 장에 불경을 새긴 것이다.

2 팔만대장경을 부르는 다른 이름 두 개를 이 글에서 찾아 쓰세요.

내용
파악

_____ , _____

3 이 글의 중심 생각은 무엇인가요?

중심
생각

① 문화유산을 잘 보존해야 한다.

② 장경판전은 세계 문화유산으로 지정되었다.

③ 팔만대장경은 우리 민족의 우수한 문화유산이다.

④ 우리나라 인쇄 기술은 매우 뛰어나다.

⑤ 경상남도 합천 해인사에는 팔만대장경이 보존되어 있다.

4 문단의 기호와 그 내용을 바르게 짝지으세요.

내용
파악

(1) [가] •

(2) [나] •

(3) [다] •

(4) [라] •

(5) [마] •

• ㉠ 팔만대장경판의 제작 과정

• ㉡ 장경판전의 구조

• ㉢ 팔만대장경의 뜻

• ㉣ 팔만대장경판의 우수성

• ㉤ 팔만대장경을 만든 까닭

5 다음 내용과 관련이 깊은 문단을 고르세요.

내용
파악

> 목판에 글자를 새기고 나면 종이에 찍어 내어 원고와 대조했습니다. 대조 결과 잘못된 글자가 있
>
> 으면 그 글자를 경판에서 도려내고, 그 자리에 다른 나무를 올려 바른 글자를 새겨 넣었습니다.

① [가]　　　② [나]　　　③ [다]　　　④ [라]　　　⑤ [마]

6 이 글에서 알 수 있는 고려 시대의 특징이 <u>아닌</u> 것을 고르세요.

추론

① 불교를 믿는 사람이 많았다.　　　② 인쇄술이 발달하였다.

③ 외세의 침입을 받았다.　　　④ 시험을 통해 승려를 뽑았다.

⑤ 부처의 가르침으로 나라의 위기를 극복하려고 했다.

어휘력 기르기

1단계 다음 낱말의 뜻을 찾아 줄로 이으세요.

(1) 계율　●　　　　　　　　　　　● ㉠ 불교를 믿는 사람들이 지켜야 할 규칙.

(2) 목판　●　　　　　　　　　　　● ㉡ 종교의 교리나 이치 등을 적은 책.

(3) 경전　●　　　　　　　　　　　● ㉢ 인쇄하기 위해 그림이나 글씨를 새긴 나무 판.

2단계 위에서 배운 낱말을 빈칸에 넣어 문장을 완성하세요.

(1) 〈금강경〉, 〈성경〉, 〈코란〉은 각각 불교, 기독교, 이슬람교의 [　　　　　　]이다.

(2) 불교의 [　　　　　　]에는 '살아 있는 생명을 죽이지 말 것', '거짓말하지 말 것' 등이 있다.

(3) 〈팔만대장경〉은 8만 개가 넘는 [　　　　　　]에 부처의 가르침을 새겨 찍어 낸 책이다.

3단계 낱말 풀이를 읽고, 알맞은 낱말을 빈칸에 쓰세요.

(1) 선생님은 우리 반 친구들이 쓴 글을 모아 책으로 [ㄱ][ㅎ]하셨다.

　　* 책 따위를 인쇄하여 발행함.

(2) 홍수, 산불 등으로 [ㅈ][ㅎ]를 입은 사람을 '이재민'이라고 한다.

　　* 뜻밖에 일어난 사고로 받는 피해.

(3) 아버지는 나무로 식탁을 만들고 나서 [ㅇ][ㅊ]을 하셨다.

　　* 가구나 나무 그릇 따위에 윤을 내기 위하여 옻나무의 진을 바르는 일.

　2007년 11월, 영국의 과학 전문지 〈네이처〉는 인류 역사를 바꾼 천재 10명 중에서 가장 창의적인 인물로 레오나르도 다빈치를 뽑았습니다. 레오나르도 다빈치는 ㉠[＿＿＿＿＿＿＿＿＿] 시대를 대표하는 인물로, 미술·음악·과학·의학·건축 등 여러 분야에서 큰 업적을 남겼습니다.

　레오나르도는 1452년 이탈리아의 '빈치'라는 마을에서 태어났습니다. 어렸을 때부터 관찰력이 뛰어나고 호기심이 강해서 자연, 기계, 건축 등 주변을 꼼꼼히 살펴보고 그것을 그림으로 나타냈습니다.

　열다섯 살이 되던 해, 레오나르도는 피렌체에 가서 당시 최고 화가였던 베로키오의 **문하생**이 되었습니다. 그곳에서 레오나르도는 열심히 그림을 배웠습니다. 5년쯤 지나자 스승을 뛰어넘을 정도로 실력이 향상되었습니다. 스승 베로키오는 레오나르도의 그림 실력에 감탄하여 그 뒤로 자신이 **의뢰**받은 그림 가운데 대부분을 레오나르도에게 맡겼습니다.

　서른 무렵, 레오나르도는 새로운 삶을 찾아 밀라노로 향했습니다. 그곳에서 스포르차 공작의 화가이자 군사 기술자, 건축가로 일했습니다. 다양한 분야에 재능이 뛰어났던 레오나르도는 이 시기에 조각, 군사 기술, 도시 계획 등의 분야에서도 **두각**을 드러냈습니다. 그러면서도 위대한 **명작**을 남겼습니다. **성모** 마리아와 아기 예수가 아기 **세례자** 요한을 만나는 장면을 그린 〈암굴의 성모〉, 예수가 제자들과 마지막으로 **만찬**을 하는 모습을 그린 〈최후의 만찬〉 등이 그것입니다. 또 그림을 그리는 데에 도움을 얻기 위해 시체 수십 구를 해부하며 인체 **해부도**를 그렸습니다. 그가 남긴 인체 해부도는 의학 발전에도 큰 영향을 끼쳤습니다. 또 비행 기구를 만드는 데에도 특별한 관심이 있어, 새를 관찰하며 하늘을 나는 방법을 연구하였습니다. 그 결과, 새의 날개를 닮은 비행 기구를 발명했습니다.

　1500년, 레오나르도는 피렌체로 돌아와 군사 기술자로 일하며 **운하 개설**, 다리 건설 등 토목 공학자로서도 재능을 발휘하였습니다. 이즈음, 상인 조콘도가 자신의 아내인 '리자 부인'을 그려 달라고 요청했습니다. 검정 드레스를 입은 여인이 살며시 미소를 머금고 있는 〈모나리자〉를 그리기 위해, 레오나르도는 **원근법**과 지리적 정보, 해부학, 철학 등 자신의 지식을 모두 동원하였습니다. 10년 넘게 이 그림을 그리며 레오나르도의 건강이 무척 나빠졌습니다. 그래서 〈모나리자〉는 미완성으로 남았습니다.

1516년 말, 레오나르도는 프랑스 국왕의 공식 화가로 임명되어 프랑스로 떠났습니다. 프랑스에서 왕의 **수석** 건축가 및 기술자로 존경을 받고 살던 레오나르도는 1519년에 세상을 떠났습니다.

문하생 어떤 스승 아래에서 배우는 제자. 門 문 문 下 아래 하 生 사람 생　　**의뢰** 남에게 부탁함. 依 의지할 의 賴 의뢰할 뢰　　**두각** 뛰어난 학식이나 재능. 頭 머리 두 角 뿔 각　　**명작** 이름난 훌륭한 작품. 名 이름 명 作 작품 작　　**성모** 예수의 어머니. 聖 성스러울 성 母 어머니 모　　**세례자** 세례(기독교에서, 신자가 되는 사람에게 베푸는 의식)를 주는 사람. 洗 씻을 세 禮 예 례 者 사람 자　　**암굴** 바위에 뚫린 굴. 巖 바위 암 窟 굴 굴 **만찬** 손님을 청하여 함께 먹는, 잘 차린 저녁 식사. 晩 저녁 만 餐 밥 찬　　**해부도** 생물의 몸속 구조를 세밀하게 나타낸 그림. 解 가를 해 剖 가를 부 圖 그림 도　　**운하** 배가 다닐 수 있게 땅을 파서 만든 물길. 運 옮길 운 河 물 하　　**개설** 설비나 제도 등을 새로 마련하고 일을 시작함. 開 시작할 개 設 설치할 설　　**원근법** 미술에서, 사물의 멀고 가까운 거리감이 드러나게 표현하는 방법. 遠 멀 원 近 가까울 근 法 방법 법　　**수석** 등급이나 직위에서 제일 윗자리. 首 우두머리 수 席 자리 석

1

내용 파악

레오나르도 다빈치가 업적을 남긴 분야가 <u>아닌</u> 것은 무엇인가요?

① 미술　　　　　　　　② 건축　　　　　　　　③ 정치

④ 음악　　　　　　　　⑤ 의학

2

내용 파악

레오나르도 다빈치의 생애를 시·공간으로 나누어 정리했습니다. 빈칸을 채우세요.

때	곳	있었던 일
1452년	이탈리아 빈치	태어남.
1466년	(1) (　　　　　)	15세, 화가 베로키오의 문하생이 됨.
1481년	(2) (　　　　　)	30세, 스포르차 공작의 화가이자 군사 기술자, 건축가로 일함.
1500년	피렌체	49세, 군사 기술자로 일하며 운하 개설, 다리 건설 등을 함.
1516년	프랑스	65세, 프랑스 국왕의 공식 (3) (　　　　　)로 임명됨.
1519년	(4) (　　　　　)	68세, 세상을 떠남.

3 레오나르도 다빈치에 관한 내용입니다. 틀린 문장을 찾으세요.

내용
파악

① 비행 기구를 발명했다.

② 베로키오에게 그림을 가르쳤다.

③ 프랑스 국왕의 공식 화가였다.

④ 인체 해부도를 그려 의학 발전에 큰 영향을 끼쳤다.

⑤ 과학 전문지 〈네이처〉는 인류 역사를 바꾼 천재 가운데 가장 창의적인 인물로 뽑았다.

4 다음은 레오나르도 다빈치가 그린 그림들입니다. 그림의 제목을 앞 글에서 찾아 쓰세요.

적용

(1)  (2) (3)

5 다음은 ㉠에 들어갈 내용에 관한 설명입니다. 설명에 알맞은 말을 고르세요.

배경
지식

14~16세기 이탈리아에서 시작된 문화 운동이다. '재생·부흥'의 뜻을 지녔으며, 문화의 절정기였던 고대로 돌아가자는 운동이다. 신 중심에서 벗어나 인간 중심으로 세상을 바라보고자 했다. 미술에서도 인간의 몸과 표정의 아름다움을 표현하고자 했으며, 원근법이 크게 발전했다. 봉건제 몰락, 신대륙 발견, 지동설 등장, 인쇄술의 발명 등이 이 시기에 이루어졌다.

* **부흥** 쇠퇴하였던 것이 다시 일어나는 것.   * **봉건제** 임금이 신하에게 땅을 주어 그 지역을 통치하게 만드는 방식.   * **지동설** 지구가 태양 주위를 돌고 있다고 주장한 학설.

① 바로크   ② 르네상스   ③ 모더니즘

④ 선사   ⑤ 중세

어휘력 기르기

1단계 다음 낱말의 뜻을 찾아 줄로 이으세요.

(1) 명작 •

(2) 두각 •

(3) 수석 •

• ㉠ 등급이나 직위에서 제일 윗자리.

• ㉡ 이름난 훌륭한 작품.

• ㉢ 뛰어난 학식이나 재능.

2단계 위에서 배운 낱말을 빈칸에 넣어 문장을 완성하세요.

(1) '인어공주'는 안데르센이 지은 [   ] 동화다.

(2) 누나는 대학교에 [   ] 으로 합격했다.

(3) 인우는 음악에 [   ] 을 나타내어 예술 중학교에 진학했다.

3단계 낱말 풀이를 읽고, 소리는 같지만 뜻이 다른 낱말을 빈칸에 쓰세요.

(1) [ ][ ]

① 옛날에, 유럽에서 귀족의 신분을 다섯 등급으로 나눈 것 가운데 첫째. 뒤로 후작, 백작, 자작, 남작이 있다.

② 새의 종류. 꼬리의 긴 깃을 부채 모양으로 펴면 매우 아름답다.

③ 기계나 도구 등으로 물건을 만드는 것.

(2) [ ][ ]

① 어떤 내용이나 사실을 인정하지 않고, 아니라고 주장하는 것. ⑪ 시인

② '남의 아내'를 높여 이르는 말.

버선본

윤동주

어머니
누나 쓰다 버린 **습자지**는
두었다간 뭣에 쓰나요?

그런 줄 몰랐더니
습자지에다 내 버선 놓고
가위로 오려
버선본 만드는걸.

어머니
내가 쓰다 버린 **몽당연필**은
두었다간 뭣에 쓰나요?

㉠ 그런 줄 몰랐더니
천 위에다 버선본 놓고
침 발라 점을 찍곤
내 버선 만드는걸.

버선본 버선을 만들 때에 쓰기 위하여 본보기로 만드는 실물 크기의 물건.　**습자지** 글씨 쓰기를 연습할 때에 쓰는 얇은 종이. 習 익힐 습 字 글자 자 紙 종이 지　**몽당연필** 많이 깎아 써서 길이가 아주 짧아진 연필. 鉛 흑연 연 筆 필기구 필

1 이 시에 나오지 않은 소재를 고르세요.

내용
파악

① 습자지   ② 가위   ③ 칼

④ 몽당연필   ⑤ 천

2 이 시 속 어머니의 성격과 가장 어울리는 낱말을 고르세요.

추론

① 엄격하다   ② 너그럽다   ③ 검소하다

④ 사치스럽다   ⑤ 비겁하다

3 ㉠에서 말하는 이는 무엇을 몰랐나요?

내용
파악

① 내 버선이 없어진 줄 몰랐다.

② 내가 쓰던 몽당연필을 잃어버린 줄 몰랐다.

③ 어머니께서 내 몽당연필을 다 버리신 줄 몰랐다.

④ 어머니께서 내가 버린 몽당연필을 버선 만드는 데에 쓰실 줄 몰랐다.

⑤ 어머니께서 내 버선을 새로 사 오신 줄 몰랐다.

4 다음 대화를 읽고 이 시와 어울리지 않는 말을 한 친구를 고르세요.

감상

① 미나: 버려진 습자지와 몽당연필을 어머니께서 쓰고 계셔서 말하는 이는 깜짝 놀랐겠지?

② 규민: 나도 작은 상자로 필통을 만든 적이 있었어. 버릴 물건을 재활용하니까 참 좋더라.

③ 지혜: 나도 물건을 함부로 버리지 말고 의미 있게 활용할 수 있는 방법을 찾아봐야겠네.

④ 수용: 나는 말하는 이가 질문을 하고 그 답을 스스로 알아 가는 시의 구조가 참 재밌게 느껴졌어.

⑤ 재훈: 말하는 이가 답을 깨달으면서도 가족의 가난함을 원망하는 모습이 정말 안타까웠어.

5 이 시에 등장하는 어머니처럼 행동하지 <u>않은</u> 사람을 고르세요.

적용

① 형이 입던 옷을 그대로 물려받아 입는 승대.

② 해어진 청바지로 가방을 만들어 메고 다니는 누나.

③ 친구들이 쓴 종이의 뒷면을 재사용하기 위해 모아 놓은 선생님.

④ 오랫동안 입어 낡은 옷을 걸레로 활용하는 지수.

⑤ 타던 자전거가 고장이 나자 바로 새 자전거를 산 기열.

6 이 시에 대한 설명으로 바른 것을 고르세요.

표현

① 1연과 비슷한 내용이 3연에 반복된다.

② 2연과 4연은 비슷한 부분이 없다.

③ 돌아가신 어머니에 대한 그리움을 감각적으로 표현했다.

④ 흉내 내는 말을 자주 사용하여 실감 나게 표현했다.

⑤ 사람이 아닌 것을 사람에 빗대어 표현했다.

7 다음 사진과 설명이 나타내는 낱말을 이 시에서 찾아 쓰세요.

어휘

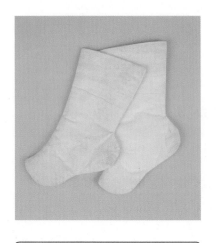

천으로 발 모양과 비슷하게 만들어 종아리 아래까지 신는 물건이다. 천으로 만드는데, 안에 솜을 넣기도 하고 여러 겹으로 만들기도 한다.

언제부터 썼는지는 확실하지 않으나, 삼국 시대부터 오늘날까지 사용하고 있는 우리나라 고유의 물건이다.

이것을 신으면 한복이 지닌 곡선의 아름다움과 조화를 이루어 그 모습이 한층 돋보인다.

어휘력 기르기

1단계 다음 낱말들의 뜻을 바르게 이으세요.

(1) 습자지 •

(2) 버선본 •

(3) 몽당연필 •

• ㉠ 버선을 만들 때에 쓰기 위하여 본보기로 만드는 실물 크기의 물건.

• ㉡ 글씨 쓰기를 연습할 때에 쓰는 얇은 종이.

• ㉢ 많이 깎아 써서 길이가 아주 짧아진 연필.

2단계 다음 문장의 빈칸에 알맞은 낱말을 위에서 찾아 쓰세요

(1) 규식이의 [   ] 은 너무 짧아서 도무지 손에 쥘 수가 없었다.

(2) 할머니는 버선을 만드시려는지 하얀 천에 [   ] 을 대고 그리셨다.

(3) 동생은 [   ] 에 자기 이름을 몇 번이나 써 보았다.

3단계 다음 설명을 읽고 밑줄 친 알맞은 뜻을 골라 그 번호를 쓰세요.

점	① 작고 둥글게 찍은 표. ② 사람의 살이나 짐승의 털 등에 나타난 다른 색깔의 작은 얼룩. ③ 성적을 나타내는 단위.

(1) 누나는 이번 시험에서 백 점을 받았다.   (   )

(2) 종이 위에 선을 긋고 점을 찍었다.   (   )

(3) 형의 이마에는 점이 하나 있다.   (   )

며칠 전, 민우는 학교가 끝난 뒤에 반 아이들과 운동장에서 축구를 하고 있었다. 민우의 자전거는 철봉 옆에 세워져 있었다. 그런데 후반전을 하는 중에 누군가 자전거 옆에서 서성거리는가 싶더니 어느 순간 훌쩍 자전거에 올라탔다. 그러고는 **유유히** 학교 밖으로 빠져나갔다. 그때, 민우는 골키퍼를 보고 있던 터라 그 광경을 똑똑히 보았다.

자전거를 타고 간 아이는 4학년 때 같은 반이었던 영래였다. 민우는 자전거를 훔쳐 간 범인을 자기 눈으로 분명히 보았으면서도 아무 말도 하지 않고 **멍하니** 바라보기만 하였다.

자전거를 잃어버린 지 2주일쯤 지난 어느 날이었다.

그날은 아침부터 오후까지 안개가 **자욱하였다.** 민우는 피아노 학원에서 나와 집으로 향하고 있었다. 그런데 민우는 집으로 가다 **파출소** 앞에서 아버지와 딱 마주쳤다. 놀랍게도 아버지께서는 한 손으로 자전거를 잡고 계셨는데, 그 옆에는 영래가 죄인처럼 고개를 푹 숙이고 있었다.

아버지께서 민우를 발견하고 소리치셨다.

"민우야, 자전거 찾았다!"

민우는 멍하니 아버지를 올려다보았다.

"이거 맞지, 네 자전거? 자, 잘 봐. ㉠ 새로 노란 페인트를 칠했지만 안장 뒤에 분명 M(엠) W(더블유)라고 쓰여 있잖아? 맞지?"

그건 틀림없는 민우의 자전거였다.

꼼꼼한 성격의 아버지가 혹시 잃어버릴 것에 대비하여 지워지지 않는 펜으로 안장 뒤에다 아주 작게 민우의 영문 **머리글자**를 써 놓은 것이다. 색이 파란색에서 노란색으로 바뀐 자전거 짐칸에는 신문이 잔뜩 실려 있었다.

민우가 고개를 끄덕이자 아버지께서는 이제 확인은 끝났다는 듯 **기세** 좋게 말씀하셨다.

"㉡ 이런 녀석은 파출소에 가서 혼 좀 나야 해. 얼른 따라와!"

아버지께서는 영래를 파출소에 넘기실 생각인 것 같았다. 영래는 금세 울음을 터뜨릴 것처럼 겁에 질려 있었다.

아버지께서 영래를 이끌고 파출소로 가려 하자, 민우가 갑자기 아버지의 팔뚝을 잡았다.

"아버지, 제 말 좀 들어 보세요." / "무슨 말?"

"사실……, 이 자전거 제가 영래 준 거예요." / "뭐라고? ⓒ 누구 맘대로 자전거를 줘?"

"아버지께서 저 사 주신 거니까 이 자전거 제 것이잖아요? 그렇지요?"

"ⓔ 그야……, 그렇지." / "제 것이니까 제 맘대로 영래 준 거예요."

"뭐? ⓜ 참 어이가 없네. 너, 지금 무슨 소리 하는 거야?"

그때, 민우가 영래를 바라보며 둘만 알게 찡긋 눈짓을 하였다.

"영래야, 대답해 봐. 내가 준 거 맞지?"

ⓗ 영래는 잔뜩 굳은 표정으로 겨우 고개를 끄덕였다.

"보셨지요, 아버지? 맞잖아요. 영래야, 어서 네 자전거 몰고 가. 그리고 내일 학교에서 보자."

영래는 머뭇거리다 아버지께 인사를 꾸벅하고는 자전거를 질질 끌고 안개 속으로 사라졌다.

"어, 어……."

아버지께서는 뭐라고 말씀도 못하고 자전거를 끌고 가는 영래의 뒷모습만 멍하니 바라보셨다.

- 양태석, 〈　　ⓢ　　도둑〉

유유히 움직임이 한가하고 여유가 있고 느리게. 悠 한가할 유 悠 한가할 유   **멍하니** 정신이 나간 것처럼 얼떨떨하게.   **자욱하였다** 연기나 안개 따위가 잔뜩 끼어 흐릿하였다.   **파출소** 경찰관이 담당 구역에서 일차적인 경찰 업무를 처리하도록 만든 곳. 派 보낼 파 出 나갈 출 所 곳 소   **안장** 자전거 따위에 사람이 앉을 수 있게 만든 자리. 鞍 안장 안 裝 꾸밀 장   **머리글자** 주로 영어의 표기에서, 낱말이나 문장의 첫머리에 쓰는 대문자.   **기세** 기운차게 뻗치는 모양이나 상태. 氣 기운 기 勢 기세 세

1

제목

ⓢ은 이 글의 사건을 일으키는 중심 소재입니다. 알맞은 낱말을 찾아 쓰세요.

2

추론

민우 아버지의 꼼꼼한 성격을 알 수 있는 부분을 고르세요.

① ㉠　　　　　　② ㉡　　　　　　③ ㉢

④ ㉣　　　　　　⑤ ㉤

3

민우에 대한 설명으로 틀린 것을 고르세요.

내용
파악

① 민우는 학교가 끝난 뒤에 반 아이들과 축구를 하다가 자전거를 도둑맞았다.

② 민우는 피아노 학원이 끝나고 집으로 가다가 파출소 앞에서 아버지와 마주쳤다.

③ 민우는 아버지께서 범인을 잡기 전까지 자전거를 훔쳐 간 범인이 영래인지 전혀 몰랐다.

④ 민우는 영래를 위해 아버지께 거짓말을 했다.

⑤ 민우는 자전거를 도둑맞았지만 2주 동안 찾지 않았다.

4

ⓗ의 이유로 가장 적절한 것을 고르세요.

추론

① 파출소에 갈 생각을 하니 겁이 나서.

② 민우의 자전거를 훔치지 않았기 때문에 억울해서.

③ 자신에게 새 자전거를 선물한 민우에게 고마워서.

④ 자신 때문에 민우가 자기 아버지께 혼날까 봐 걱정돼서.

⑤ 자신이 민우의 자전거를 훔쳤기 때문에 미안해서.

5

이 글을 읽고 친구들끼리 대화를 나누었습니다. 옳지 않은 말을 한 친구를 고르세요.

감상

① 동현: 민우는 영래가 자신의 자전거를 훔치는 모습을 보면서 얼마나 당황스러웠을까?

② 미연: 민우 아버지는 아들의 친구일지라도 잘못이 있으면 파출소에 넘기실 정도로 엄격하셔.

③ 윤선: 증거가 있는데 자전거를 훔치지 않았다고 우기는 영래가 정말 괘씸해.

④ 상환: 가난해서 신문 배달이라도 하려고 친구의 자전거를 훔친 영래의 사정이 딱하기도 해.

⑤ 태진: 범인이 영래임을 알면서도 친구를 위해 선의의 거짓말을 한 민우는 참 착한 아이야.

6

다음 설명에 맞는 장소를 앞 글에서 찾아 빈칸에 쓰세요.

배경

(1) 민우가 자전거를 도둑맞은 곳: 학교 운동장에 있는 [   ] 옆

(2) 민우가 자전거를 찾은 곳: [   ] 앞

1단계   다음 낱말들의 뜻을 바르게 이으세요.

(1) 파출소 •

(2) 안장 •

(3) 기세 •

• ㉠ 자전거 따위에 사람이 앉을 수 있게 만든 자리.

• ㉡ 경찰관이 담당 구역에서 일차적인 경찰 업무를 처리하도록 만든 곳.

• ㉢ 기운차게 뻗치는 모양이나 상태.

2단계   다음 문장의 빈칸에 알맞은 낱말을 위에서 찾아 쓰세요.

(1) 리 아버지께서는 옆 동네 [   ] 에서 근무하신다.

(2) 지고 있던 경기가 동점이 되자 우리 반 선수들은 모두 [   ] 가 올랐다.

(3) 자전거를 오랫동안 탔더니 결국 [   ] 이 고장 났다.

3단계   다음 설명을 읽고 '유유히'와 뜻이 비슷한 낱말을 고르세요.

(1)
> **유유히**: 움직임이 한가하고 여유가 있고 느리게.

① 바쁘게   ② 느긋하게   ③ 잽싸게

④ 정신없이   ⑤ 쏜살같이

판화는 나무, 금속, 돌 등으로 만든 '판'에 그림을 새긴 뒤, 잉크나 물감 등을 칠해 종이나 천 등에 찍어 낸 그림입니다. 판화와 비슷한 방식을 우리 생활에서도 쉽게 찾아볼 수 있습니다. 책, 신문, 지폐 등을 찍는 **인쇄판**을 비롯해 도장이나 **떡살** 등도 찍어서 결과물을 만들어 낸다는 공통점이 있습니다.

판화는 다른 그림과는 다른 특징을 지니고 있습니다. 판화는 종이에 직접 그리지 않고, 판에 어떤 모양을 새겨 찍어 내는 간접 표현 예술입니다. 그리고 판에 한번 모양을 새기면 똑같은 작품을 여러 장 찍을 수 있으며, 판의 재료에 따라 다양한 효과를 낼 수 있습니다. 또 공판화를 제외한 모든 판화는 판에 새긴 모양과 찍힌 그림이 좌우가 바뀌는 특징이 있습니다.

판화는 판의 재료에 따라 나무를 쓰는 목판화, 구리판을 쓰는 동판화, 돌을 쓰는 석판화 등으로 나뉩니다. 판에 잉크가 묻는 곳에 따라서는 볼록 판화, 오목 판화, 평판화, 공판화 등으로 나뉩니다.

볼록 판화는 판의 볼록한 부분에 잉크를 묻혀 찍는 그림입니다. 이때 양각과 음각의 표현 **기법**을 이용합니다. 양각은 나타내려는 모양 이외의 부분을 파내는 방법이고, 음각은 나타내려는 모양을 **새기는** 방법입니다. 볼록 판화는 잉크가 묻은 부분과 안 묻은 부

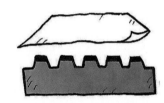

분이 **대조**되어 선명하고 강한 느낌을 줍니다. 또 판의 **재질**과 조각칼의 자국으로 다양한 **질감**을 나타낼 수 있습니다. 목판화, 고무 판화에 주로 쓰입니다.

오목 판화는 판의 오목한 부분에 잉크를 묻혀 찍는 그림입니다. 판에 가는 선으로 그림을 새긴 뒤, 오목한 부분에 잉크를 채웁니다. 판에 묻어 있는 잉크를 닦은 다음, 종이를 대고 꾹꾹 눌러 찍어 냅니다. 오목 판화는 섬세하고 날카로운 선을 표현하는 데에 효과

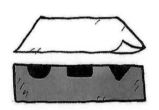

적입니다. 그래서 지폐 등의 **정교한** 인쇄에 사용됩니다. 대부분의 동판화가 여기에 속합니다.

평판화는 평평한 판 위에 그림을 그린 뒤 찍은 그림입니다. 판에 모양을 새기는 것이 아니라 표면에 직접 그린 뒤 그대로 찍어내기 때문에 다른 판화에 비해 **회화적** 느낌을 가장 잘 표현할 수 있습니다. 평판화는 물과 기름이 섞이지 않는 성질을 이용합니다. 유성

재료인 크레용이나 **해먹** 등으로 그림을 그리고 그 위에 물을 적십니다. 그다음, **롤러**에 유성 잉크를 묻혀 판 위에 굴리면 그림이 그려진 부분에만 잉크가 묻습니다. 그 위에 종이를 올려 찍습니다. 석판화와 **모노타이프**(한 장만 찍을 수 있음)가 대표적입니다.

공판화는 판의 그림 부분에 구멍을 내어, 뚫린 부분으로 물감을 묻혀 찍은 그림입니다. 그래서 다른 판화와 달리 새긴 모양과 찍어낸 그림이 좌우가 바뀌지 않는 특징이 있습니다. 티셔츠의 무늬를 찍을 때 공판화 기법을 활용합니다.

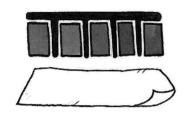

인쇄판 인쇄하는 데에 쓰는 판. 印 찍을 인 刷 인쇄할 쇄 版 널빤지 판　**떡살** 떡을 눌러 여러 무늬를 찍어 내는 판.　**기법** 어떤 일을 하는 특별한 솜씨나 방법. 技 재주 기 法 방법 법　**새기는** 글씨나 무늬를 파는.　**대조** 서로 달라서 비교가 됨. 對 대조할 대 照 대조할 조　**재질** 재료의 성질. 材 재료 재 質 성질 질　**질감** 재료가 주는 독특한 느낌. 質 성질 질 感 느낄 감　**정교한** 세세한 데까지 정확하고 꼼꼼한. 精 세밀할 정 巧 공교할 교　**회화적** 평면에 색채와 선을 써서 여러 형상과 느낀 바를 표현하는. 繪 그림 회 畫 그림 화 的 과녁 적　**유성** 기름의 성질. 油 기름 유 性 성질 성　**해먹** 석판 인쇄에 쓰는 특수한 먹.　**롤러** 표면을 고르게 누르거나 무엇을 바를 때에 쓰는 도구. roller　**모노타이프** 유리판에 물감 등을 이용해 그림을 그린 뒤 찍어 내는 판화. monotype

1

내용
파악

다음 중 판화의 특징이 <u>아닌</u> 것을 고르세요.

① 간접 표현 예술이다.

② 판화의 종류는 볼록 판화와 오목 판화 두 가지뿐이다.

③ 판의 재료에 따라 다양한 효과를 낼 수 있다.

④ 모노타이프를 제외하고, 판을 한번 만들면 똑같은 작품을 여러 장 찍을 수 있다.

⑤ 공판화를 제외하고, 찍어 낸 그림은 판에 새긴 그림과 좌우가 바뀐다.

2

적용

다음은 볼록 판화의 기법을 나타낸 그림입니다. 양각은 '양', 음각은 '음'이라고 쓰세요.

(1)　　　　　　　(2)　　　　　　　(3)　　　　　　　(4)

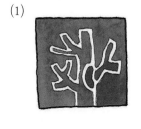　　

(　　　　　)　(　　　　　)　(　　　　　)　(　　　　　)

3 판화에 대한 설명으로 옳은 것에 ○표, 틀린 것에 X표 하세요

내용
파악

(1) 판의 크기에 따라 목판화, 동판화, 석판화 등으로 나뉜다.　　　　　（　　　）

(2) 종이나 천에 찍어 냈을 때에 좌우가 바뀌지 않는 것은 공판화다.　　　（　　　）

(3) 볼록 판화는 섬세하고 날카로운 선을 표현하는 데에 효과적이다.　　（　　　）

(4) 판을 깎아 내지 않고 찍어 낼 수 있는 판화도 있다.　　　　　　　　（　　　）

(5) 한 장만 찍어 낼 수 있는 판화도 있다.　　　　　　　　　　　　　（　　　）

4 이 글의 내용을 바르게 이해한 사람은 누구인가요?

내용
파악

① 정연: 판화는 요즘에는 사용하지 않는 그림 기법이야.

② 세창: 오목 판화는 판의 볼록한 부분에 잉크를 묻혀 찍은 그림이야.

③ 주은: 볼록 판화는 양각과 음각의 표현 기법을 이용할 수 있어.

④ 승민: 물과 기름이 섞이지 않는 성질을 이용해 공판화를 만드는구나.

⑤ 다래: 옷에 새겨진 그림은 평판화의 원리를 이용해 만든 거였어.

5 왼쪽 그림을 판화로 나타내려고 합니다. 고무판에 바르게 새긴 것을 찾으세요.

적용

　　①　　②

6 떡에 무늬를 찍을 때 쓰는 도구입니다. 판화의 원리가 활용된 이 도구의 이름을 앞 글에서 찾아 쓰세요.

어휘

〈출처: 국립중앙박물관〉

어휘력 기르기

1단계 다음 낱말의 뜻을 찾아 선으로 이으세요.

(1) 재질 ●　　　　　　　　　　　　　● ㉠ 서로 달라서 비교가 됨.

(2) 대조 ●　　　　　　　　　　　　　● ㉡ 기름의 성질.

(3) 유성 ●　　　　　　　　　　　　　● ㉢ 재료의 성질.

2단계 위에서 배운 낱말을 빈칸에 넣어 문장을 완성하세요.

(1) 이 천은 [　　　　　　　] 이 부드러워 옷을 만들기에 좋다.

(2) 태극기의 태극 무늬는 빨간색과 파란색이 멋지게 [　　　　　　　] 를 이룬다.

(3) [　　　　　　　] 물감은 물로는 잘 지워지지 않는다.

3단계 다음 문장을 읽고, 밑줄 친 부분의 뜻을 찾아 번호를 쓰세요

> 새기다 ┊ ① 글씨나 무늬를 파다.
>
> ┊ ② 잊지 않도록 마음속 깊이 기억하다.
>
> ┊ ③ 적거나 인쇄하다.

(1) 지은이는 자신의 이름을 <u>새긴</u> 책을 출판하는 것이 꿈이다. (　　　)

(2) 소영이는 착하게 살라는 어머니의 말씀을 마음에 <u>새겼다</u>. (　　　)

(3) 윤재는 목판에 꽃과 나비를 <u>새긴</u> 뒤 잉크를 묻혀 종이에 찍었다. (　　　)

우리나라는 아시아 **대륙**의 동북쪽 끝에 있습니다. 그래서 대륙성 기후의 특징과 해양성 기후의 특징이 함께 나타납니다. 또 지구의 **중위도 온대** 기후대에 있어 사계절의 특징이 뚜렷하게 나타납니다.

추운 겨울이 지나 봄이 되면 날씨가 따뜻하게 느껴지고, 여름이 지나 가을이 오면 시원하게 느껴집니다. 또 두 계절 모두 비가 별로 내리지 않아 나들이하기에 좋습니다. 이렇게 일정한 지역에서 여러 해에 걸쳐 나타나는 기상 상태를 '기후'라고 합니다. 어느 지역에 어떤 기후가 나타나는 데에는 여러 원인이 있지만, 그 가운데 하나가 '기단'입니다. 기단이란 넓은 지역에 걸쳐 있는 공기 덩어리를 말합니다.

봄과 가을에 날씨가 따뜻하고 건조한 것은, 우리나라 남서쪽의 따뜻하고 건조한 공기 덩어리가 우리나라에 영향을 주기 때문입니다. 중국의 양쯔강 부근에서 발생하기 때문에, 이 공기 덩어리를 양쯔강 기단이라고 합니다.

초여름에는 오호츠크해 기단이 우리나라에 영향을 끼칩니다. 우리나라 북동쪽에 오호츠크해라는 바다가 있습니다. 그곳에서 발생한 기단은 차갑고 습한 특징이 있습니다. 그래서 여름이 올 무렵에는 선선합니다.

여름에 우리나라 남동쪽에서 올라와 우리를 덥게 만드는 것은 북태평양 기단입니다. 북태평양 기단은 바다 위에서 발생해서 습도가 높습니다. 또 남쪽에서 발달한 기단이라서 온도가 높습니다. 여름이 되면 북태평양 기단이 습기를 잔뜩 머금고 올라와, 이미 우리나라에 들어와 있던 ㉠ [   ] 과 만나면서 우리나라 주변에 비구름을 많이 만들어 냅니다. 그 비구름은 우리나라에 ㉡ 6월 말에서 7월 사이에 **큰비**를 퍼붓습니다. 이 기단이 발달하는 여름에는 태풍도 발생합니다.

겨울이 되면 우리나라의 북서쪽에서 차갑고 건조한 공기 덩어리가 밀려옵니다. 러시아의 시베리아 부근에서 발생하기 때문에 이 공기 덩어리를 시베리아 기단이라고 부릅니다. 이 기단은 건조하기 때문에 우리나라에는 겨울에 눈이 많이 내리지 않습니다. 또 굉장히 차가워서 시베리아 기단이 **기승**을 부리면 우리나라에는 **혹한**이 찾아옵니다.

우리나라는 여름에 무척 덥고, 겨울에는 매우 추워 사람들이 힘들어합니다. 하지만 지구에는 너무 춥기만 하거나, 비가 거의 안 오거나, 눈을 보기 힘든 나라도 있습니다. 그런 나라에 비하면 우리나라는 살기 좋은 곳 아닐까요?

대륙 지구상의 커다란 육지. 大 큰 대 陸 육지 륙　**중위도** 위도가 너무 낮지도 높지도 않은, 20~50도 사이의 지대. 中 가운데 중 緯 가로 위 度 정도 도　**온대** 한대(추운 지대)와 열대(더운 지대) 사이의 따뜻한 지역. 溫 따뜻할 온 帶 띠 대　**큰비** 오랫동안 많이 쏟아지는 비.　**기승** 왕성해서 좀처럼 누그러들지 않는 기운이나 힘. 氣 기운 기 勝 넘칠 승　**혹한** 몹시 심한 추위. 酷 심할 혹 寒 추울 한

1

제목

이 글의 제목으로 가장 적당한 것을 고르세요.

① 우리나라의 위치

② 우리나라에 영향을 주는 기단

③ 우리나라의 기온

④ 우리나라 주변의 여러 나라

⑤ 우리나라는 살기 좋은 나라

2

내용
파악

빈칸에 알맞은 말을 넣어 이 글의 내용을 정리하세요.

기단 이름	온도	습도	우리나라에 영향을 주는 계절
(1)	높음	낮음	봄, 가을
오호츠크해 기단	(2)	높음	초여름
북태평양 기단	높음	(3)	여름
시베리아 기단	낮음	낮음	(4)

3

추론

㉠에 들어갈 기단은 무엇인가요?

[   ] 기단

4 ⓒ을 나타내는 낱말을 찾으세요.

배경
지식

① 장마   ② 홍수   ③ 가뭄

④ 태풍   ⑤ 해일

5 이 글의 내용과 <u>다른</u> 문장을 찾으세요.

내용
파악

① 우리나라에는 사계절이 나타난다.

② 넓은 지역에 걸쳐 있는 공기 덩어리를 기단이라고 한다.

③ 봄과 가을에는 같은 기단의 영향을 받는다.

④ 북태평양 기단에는 습기가 많다.

⑤ 시베리아는 우리나라의 남서쪽에 있다.

6 이 글을 읽고 짐작할 수 있는 내용이 <u>아닌</u> 것을 찾으세요.

추론

① 가을이라도 시베리아 기단의 힘이 세지면 우리나라는 기온이 갑자기 떨어질 수 있다.

② 습기가 많은 기단이 영향을 주면 우리나라에 비가 올 가능성이 높아진다.

③ 바다에서 발생하는 기단에는 습기가 많고, 육지에서 발생하는 기단에는 적을 것이다.

④ 지구에서는 어디든 남쪽이 더 따뜻하고, 북쪽이 더 추울 것이다.

⑤ 우리나라에는 여름에 비가 가장 많이 내릴 것이다.

7 다음 지도 속 (1)~(4) 기단의 이름을 바르게 이으세요.

적용

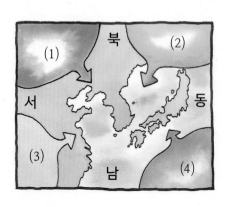

(1) •

(2) •

(3) •

(4) •

• ㉠ 양쯔강 기단

• ㉡ 오호츠크해 기단

• ㉢ 북태평양 기단

• ㉣ 시베리아 기단

1단계　다음 낱말의 뜻을 찾아 선으로 이으세요.

(1) 대륙　●

(2) 기승　●

(3) 혹한　●

● ㉠ 지구상의 커다란 육지.

● ㉡ 몹시 심한 추위.

● ㉢ 왕성해서 좀처럼 누그러들지 않는 기운이나 힘.

2단계　위에서 배운 낱말을 빈칸에 넣어 문장을 완성하세요.

(1) 매일 30℃를 넘으며 더위가 [　　　　　　]을 부리고 있다.

(2) 겨울에 산을 오르던 사람들이 길을 잃어 굶주림과 [　　　　　　]에 떨고 있다.

(3) 아저씨는 아프리카 [　　　　　　]의 동쪽 끝에서 서쪽 끝까지 여행하셨다.

3단계　다음 설명을 읽고, 빈칸에 알맞은 낱말을 골라 쓰세요.

>
> 度
> 정도 **도**
>
> 남북으로 나누어 위치를 나타내는 기준.
>
> **경도**: 지구를 동서로 나누어 위치를 나타내는 기준.

(1) 우리나라는 [　][　] 38도를 기준으로 둘로 나뉘었었다.

(2) 우리나라와 미국은 [　][　] 차이가 큰 만큼 시간도 많이 차이 난다.

고려 말, 주변 나라의 침략이 심해 백성은 어렵게 살아가고 있었습니다. 게다가 고려 안에서는, 권문세족이라고 불리는 귀족들이 땅과 재산을 소유하고 권력을 휘둘러 백성을 더욱 힘들게 하였습니다. 그 모습을 본 **신진 사대부**들은 고려를 **개혁**하려 했습니다.

정도전: 포은(정몽주의 **호**) 선생님, 안녕하십니까?

정몽주: 삼봉(정도전의 호) 선생, 어쩐 일로 나를 찾아오셨소?

정도전: 세상이 어지러우니 어찌하면 좋을지 논의하러 왔습니다.

정몽주: 우리 같은 관리가 할 일은 하나뿐이지요. 임금님을 도와 백성이 편하게 살게 할 방법을 찾아봐야지요.

정도전: 선생님, 고려는 이미 운명이 다했습니다. 새 나라를 세워 새로 시작해야 합니다.

정몽주: 나라를 새로 세우다니 어찌 그런 말씀을 하시오! 우리는 고려의 **녹**을 받는 관리입니다. ㉠ 그런 말을 함부로 입에 담아서는 안 됩니다.

정도전: 나라가 이렇게 된 건 왕이 무능력하기 때문입니다. 실력 있는 왕을 모시고 새 나라를 세워 백성들이 편안하게 살도록 하는 것이야말로 관리의 의무입니다.

정몽주: 나라가 어지러운 것은 왕의 문제가 아닙니다. 문제는 **권문세족**들이지요. 권문세족들에게 죄를 묻고 사회 제도를 바로 세우면 문제를 없앨 수 있습니다.

정도전: 그러니 오히려 새 왕을 앉혀야 합니다. 현재의 왕은 **우유부단**하여 권문세족들을 벌하지 못합니다. 새 왕이 관리들을 새로 뽑아 새롭게 시작해야 합니다.

정몽주: 현재도 나라가 이리 어지러운데 왕까지 바꾸면 사회 전체가 더욱 혼란스러워질 것이오.

정도전: 병을 고치기 위해서는 ㉡ 쓴 약이라도 먹어야지요. 약간의 **진통**은 겪겠지만 더 나은 세상을 만들기 위한 것이니 그 정도는 **감수해야** 합니다.

정몽주: 왕이 될 만한 인물도 없지 않소. 그러니 지금의 임금님을 잘 모셔야 합니다.

정도전: ㉢ ☐☐☐☐☐ 장군 같은 분은 **오랑캐**를 물리쳐 백성의 지지를 받고 있고, **덕**이 높아 따르는 사람도 많으니, 그분을 왕으로 세우면 됩니다.

정몽주: 허허! 의견 차이가 좁혀지지 않는군요. 오늘은 여기까지 합시다.

신진 사대부 새로 높은 벼슬을 얻거나 신분이 높아져 정치 세력이 된 귀족들. 新 새 신 進 나아갈 진 士 관리 사 大 큰 대 夫 사내 부　**개혁** 제도나 기관 등을 새롭게 뜯어고침. 改 고칠 개 革 고칠 혁　**호** 본명 외에 편하게 부르기 위해 지은 이름. 號 호 호　**녹** 벼슬아치에게 일 년이나 계절 단위로 나누어 주던 금품(돈과 물건). 祿 녹 녹　**권문세족** 벼슬이 높고 권력이 있는 집안. 權 권력 권 門 집안 문 勢 권세 세 族 일가 족　**우유부단** 시원스럽지 못하게 망설이기만 하고 결단력이 없음. 優 부드러울 우 柔 부드러울 유 不 아니 부 斷 결단할 단　**진통** 일이 다 되어 가는 무렵에 겪는 어려움을 비유적으로 이르는 말. 陣 한차례 진 痛 아플 통　**감수해야** 꾸짖음이나 괴로움 등을 불만 없이 받아들여야. 甘 달 감 受 받을 수　**오랑캐** 옛날에, 만주 지방에 살던 여진족을 낮추어 이르던 말.　**덕** 너그럽고 인정이 많으며 잘 베푸는 훌륭한 인격. 德 덕 덕

1

내용
파악

이 대화를 나눈 두 사람의 호를 쓰세요.

(1) 정도전 ☐ ☐

(2) 정몽주 ☐ ☐

2

내용
파악

다음 중 정몽주의 의견이 <u>아닌</u> 것을 찾으세요.

① 임금을 도와 백성을 편하게 하자.

② 권문세족에게 죄를 묻자.

③ 사회 제도를 바로 세우자.

④ 나라를 새로 세우면 안 된다.

⑤ 임금을 바꾸어야 한다.

3

적용

다음은 ⓒ의 아들이자 조선의 3대 왕인 이방원(태종)과 정몽주가 만나 서로 한 편씩 지었다고 전해지는 시조입니다. 앞 글을 참고하여 정몽주가 지었을 것 같은 시조를 고르세요.

①
이런들 어떠하며 저런들 어떠하리
만수산 드렁칡이 얽어진들 어떠하리
우리도 이같이 얽어져 백 년까지 누리리라

②
이 몸이 죽고 죽어 일백 번 고쳐 죽어
백골이 진토 되어 넋이라도 있고 없고
임 향한 일편단심이야 가실 줄이 있으랴

드렁칡 언덕진 곳에 얽혀 있는 칡덩굴.　**백골** 죽은 사람의 몸이 썩고 남은 뼈.　**진토** 티끌(부스러기와 먼지)과 흙을 통틀어 이르는 말.　**임** 사랑하는 사람. 여기서는 '고려'를 뜻한다.　**일편단심** 한 조각의 붉은 마음이라는 뜻으로, 진심에서 우러나오는 변치 않는 마음을 이르는 말.

4

내용
파악

다음 중 ㉠은 무엇인가요?

① 나라를 새로 세워야 한다는 말.　　　② 세상이 어지럽다는 말.

③ 고려의 녹을 받는다는 말.　　　　　④ 관리를 그만두고 싶다는 말.

⑤ 앞날을 어찌하면 좋을지 모르겠다는 말.

5

추론

다음 중 ㉡의 뜻은 무엇인가요?

① 맛이 쓴 약.　　　　　　　　　　　② 임금을 잘 모시는 일.

③ 사회가 더욱 혼란스러워지는 것.　　④ 우유부단한 왕.

⑤ 관리를 새로 뽑는 일.

6

적용

다음 글을 읽고, 둘 중 온건 개혁파에는 '온건', 급진 개혁파에는 '급진'이라고 쓰세요.

> 신진 사대부 가운데 온건 개혁파는 고려를 유지하면서 사회를 개혁하자고 외쳤다. 급진 개혁파는 고려를 없애고 새 나라를 세워 새롭게 시작하자고 주장하였다.

(1)　정도전　☐☐　　　　(2)　정몽주　☐☐

7

배경
지식

다음은 ㉢에 들어갈 인물을 설명한 글입니다. 밑줄 친 '이 사람'은 누구일까요?

> 고려 말, 이 사람은 명나라를 공격하기 위해 많은 군사를 이끌고 나섰다. 하지만 위화도라는 섬에서 군사를 돌려 수도 개경으로 돌아온 뒤 권력을 잡았다. 그런 다음 신진 사대부와 손을 잡고 권문세족의 잘못을 바로잡고 토지 제도를 개혁하였다. 이후 조선을 건국하였다.

① 왕건　　　　　　　② 서희　　　　　　　③ 강감찬

④ 이성계　　　　　　⑤ 최영

1단계 다음 낱말의 뜻을 찾아 줄로 이으세요.

(1) 호 •   • ㉠ 너그럽고 인정이 많으며 잘 베푸는 훌륭한 인격.

(2) 녹 •   • ㉡ 본명 외에 편하게 부르기 위해 지은 이름.

(3) 덕 •   • ㉢ 벼슬아치에게 일 년이나 계절 단위로 나누어 주던 금품.

2단계 위에서 배운 낱말을 빈칸에 넣어 문장을 완성하세요.

(1) 과거에 붙었으니 너도 이제 나라의 [   ] 을 받는 사람이 되었구나.

(2) 조선 시대에 학자들끼리는 이름보다 [   ] 를 부르는 경우가 많았다.

(3) 이순신 장군은 실력이 뛰어나고 [   ] 이 높아 따르는 사람이 많았다.

3단계 다음 설명을 읽고, 빈칸에 알맞은 낱말을 골라 쓰세요.

> **오랑캐**: 옛날에, 중국 만주 지방에 살던 사람들을 낮추어 이르던 말.
>
> **왜 구**: 우리나라 연안(육지와 닿은 물가)에서 백성들의 돈과 물건을 빼앗던 일본 해적.

(1) [   ] 때문에 바닷가 마을 사람들이 해를 당하고 있다.

(2) 조선의 북쪽 마을을 침범하는 [   ] 를 물리치러 군대가 출동했다.

염소 탓

성명진

할아버지가 염소에 이끌려 갑니다.
할머니와 **다투고** 나온 **터**라
집에 그냥 들어가기 ㉠ **멋쩍은**
할아버지입니다.

염소 목에 **매인** 줄을 당겨
염소를 말려 보기도 하지만
할아버지는 못 이긴 **척** 이끌려 갑니다.

㉡ "그만 끌어, 이것아."
할머니가 듣게 큰 소리로
염소를 탓하면서
집 안으로 들어갑니다.

탓 무엇을 구실이나 핑계로 삼아 원망하거나 나무라는 일.   **다투고** 의견이 맞지 않아 서로 따지며 싸우고.
터 처한 형편이나 기회 따위의 뜻을 나타내는 말.   **멋쩍은** 어색하고 쑥스러운.   **매인** 끈이나 줄이 몸에 둘러지거나 감겨 잘 풀어지지 않게 마디가 만들어진.   **척** 그럴듯하게 꾸미는 거짓 태도나 모양.

1

감상

이 시의 분위기로 알맞은 것을 고르세요.

① 재밌다   ② 슬프다   ③ 신비롭다

④ 불쌍하다   ⑤ 무섭다

2

구조

이 시는 몇 연 몇 행으로 이루어졌나요?

☐ 연 ☐ 행

3

어휘

㉠과 의미상 바꾸어 쓰기 어려운 말을 고르세요.

① 어색한   ② 떳떳한   ③ 쑥스러운

④ 불편한   ⑤ 부끄러운

4

내용
파악

이 시에서 할아버지가 집에 그냥 들어가기 멋쩍어하는 이유를 고르세요.

① 팔려고 한 염소를 팔지 못하고 돌아와서.

② 염소가 집에 들어가기 싫어해서.

③ 집에 아무도 없어서.

④ 할머니와 다투고 나와서.

⑤ 할머니가 시킨 일을 아직 다 하지 못해서.

5주
24회

5

내용
파악

이 시 속 염소의 역할로 가장 적절한 것을 고르세요.

① 할아버지를 이리저리 이끌고 다니며 지치게 한다.

② 할아버지의 지친 마음을 위로해 준다.

③ 할아버지에게 할머니의 마음을 대신 전달해 준다.

④ 할아버지와 할머니의 관계를 더 나빠지게 한다.

⑤ 할아버지가 할머니와 화해할 수 있도록 도와준다.

6

추론

ⓒ에 나타난 할아버지의 속마음으로 가장 적절한 것을 고르세요.

① '얘는 힘이 왜 이렇게 센 거야? 집으로 들어가면 안 돼!'

② '배가 고팠구나. 집에 들어가서 얼른 밥 줄게.'

③ '옳지! 잘한다. 얼른 집에 들어가자.'

④ '너도 집에 들어가기 싫구나? 나도 싫다.'

⑤ '이제 집에 다 왔다. 목에 매인 줄이 불편해도 조금만 참거라.'

7

감상

이 시를 읽은 뒤의 느낌이나 생각으로 어울리지 <u>않는</u> 것을 고르세요.

① 예전에 우리 할아버지와 할머니께서 다투셨던 기억이 떠올랐다.

② 시골에 계신 할아버지와 할머니를 갑자기 보고 싶어졌다.

③ 할아버지가 염소를 대하는 모습에서 나도 모르게 웃음이 나왔다.

④ 할아버지에게 억지로 끌려다니는 염소가 너무 불쌍했다.

⑤ 할아버지와 할머니가 화해하면 좋겠다.

8

적용

다음 시에서 '염소'와 비슷한 역할을 하는 소재를 찾아 쓰세요.

눈만 오면 우리는

눈싸움 한대요

두 편에 갈라서면

싸움 터져요

흰 총알이 날아도

연기 없고요

대포알이 터져도

소리 안 나죠

바둑이는 바쁘게

화해 붙이고

눈사람은 웃으며

구경만 하죠

– 조명희, 〈눈싸움〉

어휘력 기르기

1단계 다음 낱말들의 뜻을 찾아 바르게 이으세요.

(1) 터 •

(2) 탓 •

(3) 척 •

• ㉠ 처한 형편이나 기회 따위의 뜻을 나타내는 말.

• ㉡ 그럴듯하게 꾸미는 거짓 태도나 모양.

• ㉢ 무엇을 구실이나 핑계로 삼아 원망하거나 나무라는 일.

2단계 다음 문장의 빈칸에 알맞은 낱말을 위에서 찾아 쓰세요.

(1) 소희는 나와 눈을 마주치고서도 나를 전혀 못 본 ☐ 했다.

(2) 아침부터 굶었던 ☐ 라 무엇을 먹어도 맛있게 느껴졌다.

(3) 형은 일이 뜻대로 안 될 때 다른 사람을 ☐ 하는 버릇이 있다.

3단계 다음 설명을 읽고 문장에서 의존 명사를 모두 찾아 밑줄을 그으세요.

> **의존 명사** ┊ 문장에서 홀로 쓰이지 못하고 다른 말과 함께 쓰이는 명사.
>
> '척', '터', '것', '분', '때문', '개', '마리', '켤레', '자루' 등이 있다.
>
> 📖 ① 이미 강아지를 두 마리나 기르고 있기 때문에 더는 못 키운다.
>
> ② 이번에 새로 산 신발 두 켤레는 모두 내 것이다.

(1) 나는 문구점에서 연필 세 자루와 지우개 한 개를 샀다.

(2) 내가 가장 싫어하는 것은 잘난 척하는 사람이다.

신라의 **재상** 김대성은 경주에 불국사라는 큰 절을 짓고 있었습니다. 김대성은 그 절에 어울리는 **석탑**도 세우고 싶었습니다. 그래서 뛰어난 **석공**을 찾아 나선 끝에 백제의 아사달이라는 사람을 알게 되었습니다. 김대성은 백제로 사람을 보내 아사달을 불렀습니다.

"신라에서 석탑을 만들어 달라고 나를 부르니 가 봐야겠소. 빨리 만들고 돌아올 테니 기다려 주시오."

아사달은 부인 아사녀와 인사를 나누고 길을 나섰습니다.

불국사에 도착한 아사달은 곧장 석탑을 만들기 시작했습니다. 정성을 다해 만들다 보니 한 해 두 해 시간이 흘러갔습니다. 시간이 한참 지나도 남편이 돌아오지 않자 아사녀는 신라로 떠났습니다. 어렵게 불국사에 도착했지만 스님이 아사녀를 막았습니다.

"**불탑** 두 개 가운데 ㉠ 하나가 아직 완성되지 않아 지금은 만날 수 없습니다."

어쩔 수 없이 아사녀는 날마다 불국사 앞에서 아사달을 기다렸습니다. 스님은 그 모습을 보고 안타깝게 여겼습니다.

"저 앞에 자그마한 **못**이 있습니다. 그곳에 가서 정성껏 기도하면 탑이 다 지어지는 대로 그 모습이 비칠 것입니다. 그러면 남편을 만날 수 있겠지요."

아사녀는 얼른 못으로 달려가 기도했습니다. 하지만 기다리고 기다리며 아무리 기도해 보아도 나머지 탑의 모습은 못에 비치지 않았습니다.

그렇게 시간이 흘러 아사녀에게는 고향으로 돌아갈 힘조차 남아 있지 않았습니다. 아사녀는 크게 실망하여 지친 몸으로 물에 뛰어들었습니다.

"아사달님, 하늘나라에 가 있을게요. 하늘에서는 떨어지지 말고 행복하게 살아요."

탑을 완성한 아사달은 아사녀가 왔다는 소식을 듣고 아내를 찾아 나섰습니다. 하지만 안타깝게도 아사녀가 죽은 뒤였습니다.

"미안하오. 내가 조금만 더 서둘렀더라면 만날 수 있었을 텐데. 나 혼자 어찌 살라고 먼저 떠났소!"

아사달이 고개를 드니 죽은 아내를 닮은 바위가 눈에 띄었습니다. 아사달은 바위에 아사녀의 모습을 새기고 싶었습니다. 그런데 조각을 끝내고 보니 부처님의 모습이 새겨져 있었습니다. 아사달은 아사녀가 없는 슬픔을 삼키며 백제로 돌아갔습니다.

사람들은 아사녀가 기도했던 못을 '영지'라고 이름 지었습니다. 또 불국사의 두 탑 가운데 먼저 지어진 것은 물에 비쳐 '유영탑', 나중에 만들어져 못에 비치지 않은 것은 '무영탑'이라고 불렀습니다. 지금까지도 불국사에는 두 석탑이 남아 있습니다. 또 불국사 근처의 영지 옆에는 아사달이 아사녀를 생각하며 만들었다는 **석불 좌상**이 남아 있습니다.

- 전설, 〈무영탑 전설〉

재상 임금을 돕고, 나랏일 하는 사람들을 지휘하며 감독하던 벼슬아치. 宰 재상 재 相 재상 상　　**석탑** 돌로 쌓은 탑. 石 돌 석 塔 탑 탑　　**석공** 돌을 다루어 물건을 만드는 사람. 石 돌 석 工 장인 공　　**불탑** 절에 세운 탑. 佛 불교 불 塔 탑 탑　　**못** 넓고 오목하게 파인 땅에 물이 괴어 있는 곳.　　**석불** 돌로 만든 부처. 石 돌 석 佛 부처 불　　**좌상** 앉은 모습을 그리거나 조각하여 만든 작품. 坐 앉을 좌 像 모양 상

1

핵심어

이 글의 중심 낱말입니다. 정식 명칭이 '불국사 삼층 석탑'인 ㉠을 사람들은 무엇이라 불렀나요?

2

인물

이 글의 인물을 정리하려고 합니다. 빈칸에 나머지 인물을 쓰세요.

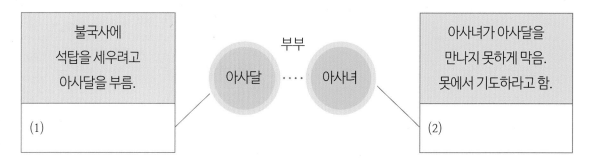

3

내용
파악

다음 중 이 글의 내용과 <u>다른</u> 것을 찾으세요.

① 아사달은 석탑을 만들려고 백제에서 신라까지 갔다.

② 아사녀는 아사달을 만나기 위해 불국사에 갔다.

③ 아사달이 석탑을 만들러 떠난 뒤로 아사녀는 아사달을 못 만났다.

④ 아사달은 탑을 다 만들기 전에 아사녀를 만나러 불국사에서 나왔다.

⑤ 아사달이 만든 석불 좌상은 현재까지도 남아 있다.

4

줄거리

이 글의 줄거리입니다. 순서에 맞게 빈칸에 번호를 쓰세요.

① 아사녀는 스님이 알려 준 곳에서 기도하며 아사달을 기다렸다.

② 아사달은 못 옆 바위에 아사녀를 새기고 백제로 돌아갔다.

③ 아사달이 오지 않자 아사녀가 신라로 떠났다.

④ 아사달은 김대성의 부름을 받고 석탑을 세우기 위해 길을 나섰다.

⑤ 기다리다 지친 아사녀가 못에 뛰어들었다.

5

적용

다음은 전설의 특징을 적은 글입니다. 앞 글의 '구체적 증거' 가 <u>아닌</u> 것을 고르세요.

전설은 옛날부터 입에서 입으로 전해 내려오는 이야기다. 주로 특별한 능력을 지닌 사람이 살다가 슬픈 결말을 맞는다. 전설에는, 이야기를 진짜라고 믿게 할 만한 '구체적 증거'가 존재한다.

① 스님   ② 영지
③ 무영탑   ④ 석불 좌상
⑤ 불국사

6

감상

이 글을 가장 잘 읽은 사람은 누구인가요?

① 진우: 실력이 뛰어난 석공이 신라에도 많았을 텐데 백제에서 데려온 게 이상해.

② 초롱: 경주에는 볼거리가 참 많은 것 같아. 경주에 가 보고 싶어.

③ 하늘: 옛날 사람들이 요즘 사람들보다 조각을 더 잘한 것 같아.

④ 사랑: 못에 탑이 비친다는 거짓말로 아사녀를 죽음에 이르게 한 스님이 잔인하다고 생각해.

⑤ 여름: 아사달과 아사녀가 서로 얼마나 사랑했는지 느껴져서 더 슬펐어.

1단계 '석'이 들어가는 낱말의 뜻을 찾아 선으로 이으세요.

石
돌 석

(1) 석탑 •

(2) 석공 •

(3) 석불 •

• ㉠ 돌로 만든 부처.

• ㉡ 돌로 쌓은 탑.

• ㉢ 돌을 다루어 물건을 만드는 사람.

2단계 위에서 배운 낱말을 빈칸에 넣어 문장을 완성하세요.

(1) 경주 석굴암 안에는 거대한 [   ] 이 있다.

(2) [   ] 이 작업실 한쪽에서 돌을 다듬고 있었다.

(3) 불국사에는 다보탑과 석가탑이라는 멋진 [   ] 들이 있다.

3단계 다음 낱말의 뜻을 읽고, 밑줄 친 부분의 알맞은 뜻을 고르세요.

| 못 | ① 나무를 한데 붙이거나, 벽에 무엇을 걸기 위해 박는 물건.
② 넓고 오목하게 파인 땅에 물이 괴어 있는 곳. |

(1) 형은 벽에 박혀 있는 못에 가족사진 액자를 걸었다.   (   )

(2) 우리 동네 앞 작은 못에서 개구리들이 노래를 부르고 있다.   (   )

5주
25회

[가] '병자호란'은 조선 인조 때인 1636년에 중국의 청나라가 조선을 침략하여 일으킨 전쟁입니다. 병자호란에서 '병자'는 전쟁이 일어난 해를 나타냅니다. '호란'은 당시 조선에서 오랑캐라고 **낮잡아** 불렀던 여진족이 쳐들어와 **난리**를 피웠다는 뜻입니다.

[나] 임진왜란이 끝난 뒤, 조선은 전쟁으로 불타고 부서진 나라를 복구하고 있었습니다. 그때 중국에서는 명나라의 힘이 약해지고, 여진족이 세운 후금이라는 나라가 빠르게 세력을 키우고 있었습니다. 당시 조선의 왕이었던 광해군은 명과 후금 두 나라 사이에서 **중립** 외교를 펼쳤습니다. 하지만 명을 ㉠ **섬기고** 후금을 무시하던 신하들은 광해군을 왕의 자리에서 몰아냈습니다. 다음 왕이 된 인조는 광해군과 달리, 명을 가까이하고 후금은 멀리하였습니다. 그러자 후금은 조선이 자신들을 무시한다는 이유로 1627년인 정묘년에 조선을 침략하였습니다. 이 전쟁을 '정묘호란'이라고 합니다. 그 결과, 조선은 어쩔 수 없이 후금과 형제 관계를 맺게 되었습니다. 하지만 후금은 국력이 더욱 강해지자 나라 이름을 청으로 바꾸고 조선에 무리한 요구를 하기 시작했습니다. 명과의 전쟁에 필요한 군사와 식량을 지원해 달라고 하거나, 형제 관계를 넘어서 조선이 신하가 되어 청을 임금의 나라로 받들라는 요구까지 하였습니다.

[다] 조선이 자신들의 요구를 거절하자, 청나라의 왕 태종은 1636년에 12만 군사를 이끌고 다시 조선을 침략했습니다. 병자호란이 벌어진 것입니다. 청의 군대는 압록강을 건너 빠르게 조선의 수도 한양까지 쳐들어왔습니다. 강화도로 가는 **피란길**이 막히고 청군이 한양에 다다르자, 인조와 신하들은 어쩔 수 없이 남한산성으로 몸을 피했습니다. 결국, 청군은 쉽게 한양을 점령하고 남한산성을 포위했습니다. 당시 남한산성은 전쟁 준비가 되어 있지 않아서 식량도 별로 없었습니다. 성 안에는 군사도 얼마 남지 않았습니다. 인조는 명에 구원을 요청했으나 국력이 약해진 명은 조선을 도와줄 여유가 없었습니다.

[라] 45일 동안 버텼지만, 인조는 결국 추위와 굶주림을 이겨 내지 못하고 청에 항복했습니다. 인조는 남한산성에서 나와 청의 군대가 있는 **삼전도**로 향했습니다. 그곳에서 계단 위에 앉아 있는 청나라 태종을 향해 세 번 절하고 아홉 번 머리를 **조아렸습니다.** 조선의 신하들은 이 모습을 보면서 말없이 눈물만 흘릴 뿐이었습니다. 사람들은 이 일을 두고 '삼전도의 **굴욕**'이라고 불렀습니다.

[마] 전쟁에서 패배한 조선은 청의 요구 사항들을 모두 받아 줄 수밖에 없었습니다. 청과 조선은 왕과 신하의 관계를 맺고, 오랫동안 유지해 왔던 명과의 외교도 끊었습니다. 게다가 전쟁 **배상금**과 함께 해마다 엄청난 양의 **조공**을 청에 바쳐야 했습니다. 또 청이 명과의 전쟁에서 **원군**을 요청하면 조선은 바로 군을 보내야 했습니다. 인조의 두 아들인 소현 세자와 봉림 대군을 비롯하여 수많은 백성이 청의 포로가 되어 잡혀갔습니다. 그 백성들은 풀려나기 위해 큰돈을 내거나 평생을 청에서 노예로 살아야 했습니다.

낮잡아 사람을 만만히 여기고 함부로 낮추어 대하여.　**난리** 나라끼리 또는 한 나라 안에서 무력을 사용한 싸움이 벌어져 질서가 없이 어지럽고 소란스러운 상태. 亂 어지러울 난 離 흩어질 리　**중립** 어느 편에도 치우치지 아니하고 공정하게 행동함. 中 가운데 중 立 설 립　**섬기고** 신이나 윗사람을 공경하여 받들어 모시고.　**피란길** 난리를 피해 가는 길. 避 피할 피 亂 난리 란　**삼전도** 지금의 서울 송파동에 있던, 배가 건너다니는 곳. 조선 시대에, 서울과 남한산성을 이어 주는 역할을 했다. 三 셋 삼 田 밭 전 渡 나루 도 **조아렸습니다** 상대에게 존경의 뜻을 보이거나 애원하느라고 이마가 바닥에 닿을 정도로 머리를 자꾸 숙였습니다.　**굴욕** 남에게 억눌려 업신여김이나 모욕을 받음. 屈 굽힐 굴 辱 욕될 욕　**배상금** 남에게 입힌 손해에 대해 물어 주는 돈. 賠 물어줄 배 償 갚을 상 金 돈 금　**조공** 예전에, 지배받는 국가가 지배하는 국가에게 때맞추어 예물(고마움을 나타내거나 예의를 갖추기 위하여 보내는 돈이나 물건)을 바치는 일이나 그러한 예물. 朝 아침 조 貢 바칠 공　**원군** 전투에서 자기편을 도와주는 군대. 援 도울 원 軍 군대 군

1
핵심어

이 글의 중심 낱말을 쓰세요.

2
내용
파악

명과 후금 두 나라 사이에서 중립 외교를 펼쳤던 조선의 왕은 누구인지 쓰세요.

3
어휘

다음 중 ㉠과 바꾸어 쓸 수 있는 말을 고르세요.

① 받들고　　　　　② 얕보고　　　　　③ 싫어하고

④ 업신여기고　　　⑤ 두려워하고

4 다음을 읽고 일이 일어난 순서에 맞게 번호를 쓰세요.

> ① 조선이 요구를 거절하자 청은 조선을 다시 침략하여 병자호란을 일으켰다.
>
> ② 후금이 조선을 침략하여 정묘호란을 일으켰다.
>
> ③ 인조는 광해군과 달리 명과 가까이하고, 후금은 멀리하는 외교를 펼쳤다.
>
> ④ 후금은 나라 이름을 청으로 바꾸고 조선에 무리한 요구를 하기 시작했다.

내용
파악

□ → □ → □ → □

5 이 글의 내용과 다른 것을 고르세요.

내용
파악

① 병자호란이 일어나자 인조는 신하들과 함께 남한산성으로 몸을 피했다.

② 조선은 명에 구원을 요청했으나 원군이 오지 않았다.

③ 인조는 남한산성에서 청에 맞서 50일 넘게 싸우다가 결국 항복했다.

④ 인조는 삼전도에서 청나라 태종에게 세 번 절하고 아홉 번 머리를 조아렸다.

⑤ 병자호란이 끝나고 인조의 두 아들은 청의 포로가 되어 잡혀갔다.

6 [나]와 다음 설명을 읽고 빈칸에 알맞은 말을 앞 글에서 찾아 쓰세요.

배경
지식

> 임진년인 1592년에 일본이 침입한 전쟁.

□

7 각 문단과 중심 내용의 연결이 틀린 것을 고르세요.

구조

① [가]: 병자호란의 뜻.

② [나]: 병자호란이 일어난 배경.

③ [다]: 병자호란의 진행 과정.

④ [라]: 병자호란이 주변 나라에 끼친 영향.

⑤ [마]: 병자호란이 조선에 남긴 피해.

1단계　다음 낱말들의 뜻을 바르게 이으세요.

(1) 중립　●　　　　　　　　　　　● ㉠ 난리를 피해 옮겨 감.

(2) 피란　●　　　　　　　　　　　● ㉡ 어느 편에도 치우치지 아니하고 공정하게 행동함.

(3) 굴욕　●　　　　　　　　　　　● ㉢ 남에게 억눌려 업신여김이나 모욕을 받음.

2단계　다음 문장의 빈칸에 알맞은 낱말을 위에서 찾아 쓰세요.

(1) 35년간의 일제강점기에 우리 민족은 온갖 [　　　　] 을 당했다.

(2) 임진왜란 때, 선조는 한양을 버리고 [　　　　] 을 떠났다.

(3) 아버지께서는 나와 형이 싸울 때마다 항상 [　　　　] 을 지키신다.

3단계　다음 설명을 읽고 빈칸에 알맞은 낱말을 쓰세요.

> **배상금**: 남에게 입힌 손해에 대해 물어 주는 돈.
>
> **현상금**: 무엇을 모집하거나 구하거나 사람을 찾는 일 따위에 상으로 내거는 돈.

(1) 경찰이 범인을 잡은 사람에게 [　][　][　] 을 주었다.

(2) 조선은 전쟁에서 패배하였다는 이유로 청에게 [　][　][　] 을 냈다.

지형이란 땅의 모양을 말합니다. 지구에는 다양한 지형이 존재합니다. 사막이나 빙하는 다른 나라에서 볼 수 있는 지형입니다. 우리나라에서 볼 수 있는 지형에는 산지, 평야, 하천, 해안, 화산 등이 있습니다. 이 지형들은 어떤 특징을 가지고 있을까요?

산지는 산으로 이루어진 지역입니다. 우리나라는 국토의 약 70%가 산지로 이루어져 있습니다. 설악산이나 오대산처럼 높고 가파른 산들은 대부분 우리나라의 동쪽에 위치합니다. 반대로, 낮고 **완만한** 산이나 평지는 주로 서쪽에 있습니다. 그 결과, 우리나라는 동쪽이 높고 서쪽은 낮은 특징이 나타납니다. 이를 '동고서저'라고 합니다. 지형이 험해서 산지에는 대체로 소규모 마을이 나타납니다.

평야는 땅의 높낮이가 거의 없이, 넓고 평평한 땅으로 이루어진 지역을 말합니다. 주로 물이 바다로 흘러나가는, 강의 **하류** 지역에 발달합니다. 우리나라의 평야 지형은 주로 서쪽 지역에서 볼 수 있습니다. 대표적으로 호남평야와 나주평야, 김포평야 등이 있습니다. 평야로 이루어진 지역에서는 사람들이 큰 마을이나 도시를 만들어 살아갑니다.

하천은 물길을 따라 흐르는 물줄기로 이루어진 지형입니다. 하천의 **상류** 지역은 경사가 급하고 물의 흐름이 빨라서 **침식** 지형이 나타납니다. 반대로, 경사가 완만하고 물의 흐름이 느린 하류에는 **삼각주** 같은 **퇴적** 지형이 나타납니다. 우리나라의 하천들은 대부분 동쪽과 북쪽에서 시작하여 서쪽이나 남쪽으로 흘러나갑니다. 대표 하천으로는 한강, 낙동강, 금강, 영산강 등이 있습니다.

해안 지형은 바다와 육지가 맞닿은 지역에 나타납니다. 우리나라는 삼면이 바다로 둘러싸여 있습니다. 황해안은 **해안선**이 복잡하고, **조수 간만**의 차가 크게 나서 갯벌이 넓게 나타납니다. 바다의 수심은 얕은 편입니다. 남해안도 황해안처럼 해안선이 복잡합니다. 또 크고 작은 섬이 아주 많아 경치가 좋습니다. 동해안은 해안선이 매우 단조롭고, 조수 간만의 차가 작습니다. 수심은 황해안과 달리 깊은 편입니다. 그리고 모래사장이 넓게 발달하여 곳곳에 해수욕장이 있습니다.

마지막으로, 화산 지형은 지하의 **마그마**가 **분출**되는 화산 작용을 통해 생겨났습니다. 우리나라의 대표 화산 지역으로는 제주도가 있습니다. 한라산 꼭대기에는 화산 **분화구**가 막힌 뒤에 물이 고인 백록담이 있습니다. 제주도 곳곳에는 '오름'이라고 불리는, 크고 작은 화산들이 있습니다. 또 **주상 절리**나 용암 동굴 같은 다양한 화산 지형이 나타납니다.

완만한 기울어진 정도가 급하지 않은. 緩 느릴 완 慢 느릴 만　　**하류** 강의 아래쪽 부분. 下 아래 하 流 흐를 류　　**상류** 강이나 시내가 시작하는 곳에서 가까운 부분. 上 윗 상 流 흐를 류　　**침식** 비, 하천, 빙하, 바람 등의 자연 현상이 땅의 겉면을 깎는 일. 浸 잠길 침 蝕 갉아 먹을 식　　**삼각주** 강이 바다로 들어가는 곳에, 강물이 운반하여 온 모래나 흙이 쌓여 이루어진 넓고 평평한 지형. 三 석 삼 角 뿔 각 洲 섬 주　　**퇴적** 자갈이나 모래 따위가 물, 빙하, 바람 등에 의해 운반되어 어떤 곳에 쌓이는 일. 堆 쌓을 퇴 積 쌓을 적　　**해안선** 바다와 육지가 맞닿은 선. 海 바다 해 岸 언덕 안 線 선 선　　**조수** 밀물과 썰물을 통틀어 이르는 말. 潮 조수 조 水 물 수　　**간만** 간조(바다에서 조수가 빠져나가 해수면이 가장 낮아진 상태)와 만조(바다에서 조수가 꽉 차게 들어와 해수면이 가장 높아진 상태)를 통틀어 이르는 말. 干 방패 간 滿 찰 만　　**마그마** 땅속 깊은 곳에서 암석이 뜨거운 열에 의해 녹은 물질. magma　　**분출** 액체나 기체 상태의 물질이 솟구쳐서 뿜어져 나옴. 噴 뿜을 분 出 날 출　　**분화구** 화산이 터져 가스(gas)나 수증기, 불 따위의 물질들이 뿜어져 나오는 구멍. 噴 뿜을 분 火 불 화 口 입 구　　**주상 절리** 마그마가 급격히 식어 오그라들면서 수직으로 생기는, 돌기둥 모양의 금. 柱 기둥 주 狀 모양 상 節 마디 절 理 잔금 리

1

내용
파악

이 글에서 소개하지 <u>않은</u> 지형을 고르세요.

① 산지　　　　　　② 평야　　　　　　③ 해안

④ 사막　　　　　　⑤ 화산

2

어휘

다음 설명에 알맞은 낱말을 본문에서 찾아 쓰세요.

지형이 동쪽 지역은 높고, 서쪽 지역은 낮은 상태: ☐☐☐☐

3

내용
파악

우리나라 국토의 약 70%를 차지하는 지형을 고르세요.

① 산지　　　　　　② 평야　　　　　　③ 하천

④ 사막　　　　　　⑤ 빙하

4 하천 지형에 대한 설명으로 <u>틀린</u> 것을 고르세요.

내용
파악

① 물길을 따라 흐르는 물줄기로 이루어진 지형이다.

② 하천의 상류 지역은 경사가 완만하고 물의 흐름이 느리다.

③ 하천의 상류 지역에는 침식 지형이 나타난다.

④ 하천의 하류 지역에는 삼각주 같은 퇴적 지형이 나타난다.

⑤ 우리나라의 하천에는 한강, 낙동강, 금강 등이 있다.

5 다음과 같은 특징을 보이는 것은 '동해안, 황해안, 남해안' 가운데 어디인가요?

내용
파악

해안선이 단조롭고, 조수 간만의 차가 작다. 모래사장이

넓게 발달했다.

6 다음 설명을 읽고 빈칸에 들어갈 말을 쓰세요.

적용

□ □ □ □ 는 화산 지형에서 나타나는 돌기둥 모양의 금을 말한다. 뜨거운 마그마가 찬 공기나 물을 만나 급격히 식으면서 오그라들어 만들어진다. 우리나라의 제주도나 광주 무등산, 포항 달전리 지역 등에서 볼 수 있다.

7 다음 사진과 가장 어울리는 지형을 고르세요.

적용

① 사막 지형

② 하천 지형

③ 평야 지형

④ 산지 지형

⑤ 해안 지형

어휘력 기르기

8 문제 가운데 (   ) 문제 맞힘

1단계 다음 낱말들의 뜻을 찾아 바르게 이으세요.

(1) 분출   •   • ㉠ 바다와 육지가 맞닿은 선.

(2) 하류   •   • ㉡ 강의 아래쪽 부분.

(3) 해안선 •   • ㉢ 액체나 기체 상태의 물질이 솟구쳐서 뿜어져 나옴.

2단계 다음 문장의 빈칸에 알맞은 낱말을 위에서 찾아 쓰세요.

(1) 제주도는 마그마의 [   ] 로 생겨난 섬이다.

(2) 동해안은 섬이 별로 없고 [   ] 이 단순하다.

(3) 이맘때면 강의 상류에서 살던 물고기들이 [   ] 로 이동한다.

3단계 다음 설명을 읽고 빈칸에 들어갈 낱말을 쓰세요.

> **침식:** 비, 하천, 빙하, 바람 등의 자연 현상이 땅의 겉면을 깎는 일.
>
> **퇴적:** 자갈이나 모래 따위가 물, 빙하, 바람 등에 의해 운반되어 어떤 곳에 쌓이는 일.

(1) 강물의 흐름이 느려서 이곳에서는 흙이나 모래의 [ ][ ] 이 많이 일어난다.

(2) 파도의 [ ][ ] 작용으로 해안이 깎여 가파른 절벽이 생겼다.

6주
27회

시서례 일보

20○○년 9월 15일

[가]　　　　　한글 배우는 인도네시아 찌아찌아족

인도네시아의 한 **소수 민족**은 자신들의 말을 기록할 문자가 없어 어려움을 겪고 있었다. 그런데 얼마 전, 자신들의 말을 **표기**할 문자로 한글을 사용하기 시작했다.

○월 ○○일, 인도네시아 부톤섬의 바우바우시는 이 지역 고유어인 '찌아찌아어'를 표기할 문자로 한글을 **도입**하기로 하고, ○○학회와 이에 관한 **양해 각서**를 **체결**했다. 이에 따라 바우바우시는, 찌아찌아족 초등학생 40여 명과 고등학생 140여 명에게 한국어를 배우게 하였다.

학생들은 한글로 된 〈바하사 찌아찌아 1〉 교과서로 일주일에 네 시간씩 수업을 받는다. 〈바하사 찌아찌아 1〉 교과서는 '부리(쓰기)'와 '뽀가우(말하기)', '바짜안(읽기)'의 세 갈래로 짜여 있으며, 모든 내용이 한글로 쓰여 있다. 교과서에는 찌아찌아족의 언어와 문화, 부톤섬의 역사와 사회 등에 관한 내용과 함께 우리 옛이야기인 〈토끼전〉이 실려 있다.

한글은 24개 문자 조합으로 소리 나는 것은 거의 다 쓸 수 있다. 찌아찌아어를 적는 한글은 우리가 현재 쓰는 자음·모음과 거의 같은 방식으로 사용한다.

다른 나라, 다른 민족이 한글을 **공식** 문자로 도입한 것은 이번이 처음이다. 이로써 독창적이고 과학적인 **표음 문자** 한글의 우수성이 다시 한번 주목받게 되었다.

정직한 기자

20○○년 10월 3일

[나]　　　　　찌아찌아족 한글 도입 10년, 그 후

인도네시아 부톤섬의 소수 민족 찌아찌아족이 '한글'을 문자로 사용한 지 10년이 지났다. 현재 찌아찌아족 초등학생 1천여 명이 찌아찌아어를 한글 교재로 배우고 있다. 바우바우시에서 25km 떨어진 바따우가군에서도 한국어 수업이 이루어지고 있다.

　인도네시아는 적도 부근의 섬 일만 팔천여 개로 이루어진 섬나라로, 삼백여 민족이 모여 살고 있다. 이들이 사용하는 언어도 칠백여 개에 이른다. 그중 부톤섬에는 찌아찌아족 칠만여 명이 살고 있다. 그런데 이들은 고유의 글자가 없어 **고유어**마저 사라져갈 위기에 놓였었다. 이에 찌아찌아족은 10년 전인 20○○년에 표기 언어로 한글을 받아들였다. 한글은 ⊙ <u>사람이 말하는 소리를 기호로 나타낸 글자</u>로, **현지어**를 거의 들리는 대로 적을 수 있기 때문이다. 찌아찌아족은 인사말을 한글로 '마엠 빠에 을렐레'라고 표기한다. 인도네시아의 부톤섬에서는 표지판과 간판 등에서도 한글을 어렵지 않게 찾아볼 수 있다.

　또 솔로몬 제도의 두 주와 볼리비아의 아이마라족도 한글을 표기 문자로 사용하고 있다.

현명한 기자

소수 민족 한 나라를 이루는 여러 민족 가운데, 인구수가 적은 민족. 少 적을 소 數 셀 수 民 백성 민 族 겨레 족　**표기** 문자나 기호를 써서 말이나 생각을 적는 것. 表 나타낼 표 記 기록할 기　**도입** 기술, 방법, 물자 따위를 끌어 들임. 導 이끌 도 入 들 입　**양해 각서** 국가 간의 외교 교섭 결과, 서로 수용하기로 한 내용을 확인하여 기록하는 문서. 諒 살필 양 解 풀 해 覺 드러낼 각 書 글 서　**체결** 계약이나 조약 등을 공식적으로 맺음. 締 맺을 체 結 맺을 결　**공식** 국가나 공공 기관에서 정한 방식이나 형식. 公 공평할 공 式 법 식　**표음 문자** 말소리를 기호로 나타낸 문자. 表 나타낼 표 흡 소리 음 文 글 문 字 글자 자　**고유어** 한 민족이 본래부터 가지고 있던 말. 固 원래 고 有 있을 유 語 말씀 어　**현지어** 어떤 지역에 사는 사람이 쓰는 말. 現 실재 현 地 땅 지 語 말씀 어

1 **이 글의 종류는 무엇인가요?**

글의
종류

① 감상문　　　　　② 논설문　　　　　③ 기사문

④ 안내문　　　　　⑤ 기행문

2 **'찌아찌아족'에 대한 설명으로 옳은 것에는 ○표, 틀린 것에는 X표 하세요.**

내용
파악

(1) 부톤섬에 사는 소수 민족이다.　　　　　　　　　　　　　　　　　　(　　　)

(2) 고유어는 '인도네시아어'다.　　　　　　　　　　　　　　　　　　　(　　　)

(3) 고유한 문자가 없어서 고유어마저 사라졌다.　　　　　　　　　　　　(　　　)

(4) 자신들의 말을 표기할 문자로 '한글'을 사용하고 있다.　　　　　　　　(　　　)

3 [나]의 밑줄 친 ㉠에 해당하는 말을 [가]에서 찾아 쓰세요.

내용
파악

☐ ☐ ☐ ☐

4 찌아찌아 교과서에 대한 설명으로 <u>틀린</u> 것은 무엇인가요?

내용
파악

① 모든 내용이 한글로 쓰여 있다.

② 쓰기, 말하기, 읽기로 나누어져 있다.

③ 우리 전래 동화 〈토끼전〉이 실려 있다.

④ 부톤 섬의 역사와 사회 등이 실려 있다.

⑤ 솔로몬 제도와 볼리비아에서도 쓰이고 있다.

5 글 [가]와 [나]를 통해 알 수 <u>없는</u> 내용을 고르세요.

내용
파악

① 처음에 비해 한글을 배우는 찌아찌아족 초등학생의 수가 늘었다.

② 한류 열풍에 힘입어 여러 나라에서 한글을 문자로 사용하게 되었다.

③ 한글은 스물네 개 문자를 이용하여 소리를 거의 다 표현할 수 있다.

④ 인도네시아 부톤 섬에는 한글로 적힌 표지판도 있다.

⑤ 찌아찌아족은 찌아찌아어를 지키기 위해 한글을 문자로 도입했다.

6 이 글을 읽고 친구들과 이야기를 나누었습니다. 어울리지 <u>않는</u> 말을 한 사람은 누구인가요?

감상

① 주영: 한글을 만드신 세종 대왕께 감사해.

② 선민: 자신들의 말을 표기할 문자가 없이 사는 소수 민족이 지금도 있을 것 같아 안쓰러워.

③ 해주: 한글의 우수성이 세계적으로 인정받는 것 같아서 기분이 좋아.

④ 규현: 우리나라 말을 다른 나라에서도 사용한다고 하니, 우리말을 바르게 써야겠어.

⑤ 휘성: 다른 나라에서 한글을 표기 문자로 사용한다고 하니 우리글에 대한 자부심이 생겨.

1단계　다음 낱말의 뜻을 찾아 줄로 이으세요.

(1) 표기　●　　　　　　　　　　● ㉠ 기술, 방법, 물자 따위를 끌어 들임.

(2) 도입　●　　　　　　　　　　● ㉡ 문자나 기호를 써서 말이나 생각을 적는 것.

(3) 현지어　●　　　　　　　　　● ㉢ 어떤 지역에 사는 사람이 쓰는 말.

2단계　위에서 배운 낱말을 빈칸에 넣어 문장을 완성하세요.

(1) 3년 동안 인도네시아에서 사신 삼촌은 [　　　　　　　　　]를 유창하게 하신다.

(2) 야구는 조선 시대에 미국에서 [　　　　　　　] 되었다.

(3) 숫자 '77'을 한글로 [　　　　　　　] 하면 '칠십칠'이다.

3단계　다음 낱말의 뜻을 찾아 바르게 연결하세요.

(1) 고유어　●　　　　　　　　　● 다른 나라의 말.
　　　　　　　　　　　　　　　예 밀크(우유), 머니(돈), 하우스(집)

(2) 외래어　●　　　　　　　　　● 한 민족이 본래부터 가지고 있던 말.
　　　　　　　　　　　　　　　예 하늘, 땅, 바다

(3) 외국어　●　　　　　　　　　● 다른 나라에서 들어와 우리말처럼 쓰이는 말.
　　　　　　　　　　　　　　　예 버스, 컴퓨터, 피아노

해바라기

윤곤강

벗아! 어서 나와
해바라기 앞에 서라

해바라기꽃 앞에 서서
해바라기꽃과 해를 **견주어** 보라

끓는 해는 못 되어도
가슴엔 ㉠ 해의 **넋**을 지녀
㉡ 해바라기의 꿈은 붉게 탄다

㉢ 햇살이 불처럼 뜨거워
불볕에 눈이 흐리어
보이지 않아도, 우리 **굳이**
해바라기 앞에 서서
해바라기처럼 해를 보고 **살지니**

벗아! 어서 나와
해바라기꽃 앞에 서라

견주어 질, 양 등에서 어떠한 차이가 있는지 알기 위해 둘 이상을 서로 비교하여.   **넋** 정신. 마음.   **불볕** 몹시 뜨겁게 내리쬐는 햇볕.   **굳이** 단단한 마음으로 굳게.   **살지니** 살 것이니.

1

핵심어

이 시의 중심 낱말은 무엇인가요?

① 해바라기   ② 넋

③ 가슴   ④ 햇살

⑤ 불볕

2

주제

이 시의 중심 생각으로 가장 어울리는 것을 고르세요.

① 해바라기를 많이 심자.

② 해를 오래 쳐다보면 시력을 잃을 수 있다.

③ 벗과 밖에서 같이 뛰어놀고 싶다.

④ 친구들을 견주어 보고 사귀어라.

⑤ 꿈을 이루기 위해 노력하자.

3

내용
파악

이 시에 대한 설명으로 옳지 <u>않은</u> 것을 고르세요.

① 5연 14행으로 이루어졌다.

② 흉내 내는 말을 사용해 재미있게 표현했다.

③ 벗에게 말하는 형식으로 이루어졌다.

④ 씩씩한 말투를 사용하여 강한 의지를 드러내었다.

⑤ 말하는 이는 해를 '이루고 싶은 꿈'으로 생각하고 있다.

4

감상

이 시의 분위기로 알맞은 것을 고르세요.

① 슬프다   ② 즐겁다

③ 희망적이다   ④ 절망적이다

⑤ 허무하다

5 말하는 이의 의지가 가장 구체적으로 드러난 연을 찾으세요.

내용
파악

☐ 연

6 다음 중 ㉠이 뜻하는 것을 고르세요.

추론

① 해와 친해지고 싶은 마음.　　　　② 해를 이기고 싶은 마음.

③ 모두에게 존경을 받고 싶은 마음.　　④ 해바라기의 사랑을 받고 싶은 마음.

⑤ 해처럼 되고 싶은 마음.

7 ㉡의 뜻으로 가장 적당한 것을 고르세요.

추론

① 해바라기는 붉은 꽃을 피우고 싶어 한다.

② 해가 되지 못할 바에는 붉게 타 버리는 것이 낫다.

③ 꿈을 이루려는 열정이 불처럼 타오른다.

④ 현실이 너무 힘들어 꿈을 포기하고 불태워 버렸다.

⑤ 해바라기는 꿈속에서 해가 되었다.

8 ㉢의 뜻으로 가장 옳은 것을 고르세요.

추론

① 눈물이 차올라도.

② 시력을 잃어도.

③ 해가 불같이 화를 내도.

④ 꿈을 이루는 것이 힘들고 어려워도.

⑤ 꿈을 잃어도.

어휘력 기르기

1단계 밑줄 친 낱말의 비슷한말을 찾아 선으로 이으세요.

(1) 가장 친한 <u>친구</u>는 은우입니다. •

(2) 나는 선생님이 되고 싶다는 <u>소망</u>을 마음에 늘 품고 있어. •

(3) 문화재에는 우리 조상의 <u>정신</u>이 담겨 있다. •

• ㉠ 벗

• ㉡ 넋

• ㉢ 꿈

2단계 위에서 배운 낱말을 빈칸에 넣어 문장을 완성하세요.

(1) 정우는 [   ] 이 많아 미래에 무엇을 할지 고민이라고 했다.

(2) 민지는 나의 아주 오랜 [   ] 이다.

(3) 준수는 너무 배가 고파서 [   ] 을 놓고 음식만 바라보았다.

3단계 다음 설명을 읽고, 밑줄 친 낱말을 [   ] 안에 소리 나는 대로 적으세요.

> 받침이 'ㄷ', 'ㅌ'인 말이 뒤에 모음 'ㅣ'를 만나면 'ㅈ', 'ㅊ'으로 소리 난다.
>
> ㉟ 맏이 [마<u>지</u>], 쇠붙이 [쇠부<u>치</u>]

(1) 농부는 임금님 앞에서도 긴장하지 않고 <u>굳이</u> 서 있었다. [   ]

(2) 임금님은 저 <u>밭이</u> 누구의 것이냐고 물어보았다. [   ]

어느 날, **동부여**의 금와왕이 사냥을 하러 가던 중에 아름다운 여인 유화를 만났습니다. 유화는 **하백**의 딸로, **천제**의 아들인 해모수를 만나 사랑에 빠졌다는 이유로 집에서 쫓겨난 처지였습니다.

금와왕은 유화를 불쌍히 여겨 궁으로 데려왔습니다. 그런데 이상한 일이 일어났습니다. 방 안으로 햇빛이 들어와 유화의 몸을 비추었습니다. 유화가 피해도 햇빛은 계속 따라와 비추었습니다. 며칠이 지나 유화는 배가 점점 불러오더니, 얼마 뒤 알 하나를 낳았습니다.

금와왕은 이를 **괴상히** 여겨 알을 뺏어 돼지와 개에게 던져 주었습니다. 그러나 돼지와 개는 그 알을 먹기는커녕 피해 다니기만 했습니다. 길에 돌아다니는 말과 소에게 알을 던져 주어도 마찬가지였습니다. 오히려 새와 짐승들이 모여들어 알을 덮어 주었습니다. 왕은 마지막으로 자신이 직접 알을 깨뜨리려고 했지만 실패했습니다. 결국 알을 유화에게 돌려줄 수밖에 없었습니다.

유화는 ㉠ **우여곡절** 끝에 돌아온 알을 따뜻한 곳에 두어 정성스럽게 보살폈습니다. 얼마 지나지 않아 그 알이 깨지면서 남자아이 하나가 나왔습니다. **골격**이 뚜렷하고 신비로운 기운을 내뿜는 아이였습니다.

아이는 어릴 때부터 무척 지혜로웠습니다. 또 스스로 활과 화살을 만들어 쏘았는데 **백발백중**이었습니다. 그래서 사람들은 그 아이를 '활 잘 쏘는 사람'이라는 뜻에서 '주몽'이라고 불렀습니다.

금와왕에게는 아들이 일곱 명 있었는데 주몽은 이들과 어울려 놀았습니다. 주몽은 그 무리에서도 재주와 지혜가 남달랐습니다. 금와왕의 맏아들 대소는 주몽을 시기하여, 주몽을 죽이지 않으면 나라에 큰 **후환**이 있을 것이라 아버지에게 말했습니다.

금와왕은 주몽을 차마 죽이지는 못하고, 말 기르는 **천한** 일을 시켰습니다. 주몽은 왕의 **속내**를 알아챘습니다. 그래서 ㉡ 가장 빠른 말에게는 먹이를 적게 주어 마르게 하고, 가장 느린 말에게는 많이 주어 살찌게 했습니다. 왕은 이 사실을 모른 채 가장 마른 말은 주몽에게 주고, 가장 살진 말은 자신이 가졌습니다.

대소와 그를 따르는 신하들이 **호시탐탐** 주몽을 죽이려 한다는 사실을 알게 된 유화는 주몽을 불러 당장 궁을 떠나라고 했습니다. 주몽은 눈물을 흘리며 어머니와 작별한 뒤 자신을 따르는 사람들을 이끌고 궁을 나섰습니다.

그런데 말을 타고 내달리던 주몽 앞에 큰 강이 나타났습니다. 대소와 그 군사들은 주몽이 도망 쳤다는 소식을 듣고 뒤쫓아 왔습니다. 주몽은 강을 바라보며 깊게 **탄식**하였습니다. 그때 갑자기 수많은 자라와 물고기가 강물 위로 떠 올라 다리를 만들어 주었습니다. 주몽 일행이 무사히 강을 건너자 아무 일도 없었다는 듯 자라와 물고기들이 모두 사라졌습니다. 대소는 그 모습을 말없이 지켜볼 수밖에 없었습니다.

주몽은 졸본이라는 곳에 도착해, '고구려'라는 나라를 세우고, 그곳을 **도읍**으로 정했습니다. 그리고 자신의 성을 고 씨로 바꾸고, 스스로 왕이 되었습니다.

– 주몽 ⓒ

동부여 옛날에, 두만강 주변에 있던 나라.　　**하백** 물을 맡아 다스린다는 신. 河 물 하 伯 맏 백　　**천제** 하늘을 다스리는 신. 天 하늘 천 帝 하느님 제　　**괴상히** 정상적이지 않고 이상하게. 怪 괴이할 괴 常 항상 상 **우여곡절** 여러 가지로 뒤얽힌 복잡한 사정. 迂 돌 우 餘 남을 여 曲 굽을 곡 折 꺾을 절　　**골격** 동물의 몸매 를 이루는 뼈. 骨 뼈 골 格 자리 격　　**백발백중** 백 번 쏘아 백 번 맞힌다는 뜻으로, 총이나 활 따위를 쏠 때 마다 겨눈 곳에 다 맞음을 이르는 말. 百 일백 백 發 쏠 발 百 일백 백 中 맞힐 중　　**후환** 어떤 일로 인하여 뒷 날 생기는 걱정과 근심. 後 뒤 후 患 걱정 환　　**천한** 신분이나 지위가 낮고 보잘것없는. 賤 천할 천　　**속내** 겉으로 드러나지 아니한 속마음.　　**호시탐탐** 남의 것을 빼앗기 위하여 기회를 노리고 상황을 살피는 모 양. 虎 호랑이 호 視 볼 시 眈 노려볼 탐 眈 노려볼 탐　　**탄식** 걱정이나 근심, 원망 등으로 한숨을 쉼. 嘆 탄식 할 탄 息 숨쉴 식　　**도읍** 예전에, 한 나라의 수도를 이르던 말. 都 도읍 도 邑 도읍 읍

1

인물

이 이야기의 주인공은 누구인가요?

① 유화　　　　② 금와왕　　　　③ 주몽

④ 대소　　　　⑤ 해모수

2

내용
파악

이 이야기와 <u>다른</u> 내용을 고르세요.

① 유화는 해모수와 사랑에 빠졌다는 이유로 집에서 쫓겨났다.

② 금와왕은 유화가 낳은 알을 없애려고 했지만 실패했다.

③ 알을 깨고 나온 주몽은 어릴 때부터 무척 지혜로웠다.

④ 금와왕의 맏아들 대소는 주몽을 시기하여 아버지에게 주몽을 죽여야 한다고 했다.

⑤ 큰 강이 나타났으나 주몽은 어머니의 도움으로 강을 건널 수 있었다.

3 ㉠과 바꾸어 쓸 수 있는 말을 고르세요.

어휘

① 일편단심: 진심에서 우러나와 변하지 않는 마음.

② 백전백승: 싸움을 할 때마다 다 이김.

③ 우왕좌왕: 이리저리 왔다 갔다 하며 방향이나 행동을 정하지 못함.

④ 천신만고: 온갖 어려운 고비를 다 겪으며 심하게 고생함.

⑤ 개과천선: 지난날의 잘못을 뉘우치고 고쳐 착하게 됨.

4 ㉡을 통해 주몽의 어떤 점을 알 수 있나요?

추론

① 신비한 능력　　　　② 지혜로움　　　　③ 잔인함

④ 왕에 대한 충성심　　⑤ 말을 사랑하는 마음

5 다음 설명을 읽고 ㉢에 들어갈 말을 고르세요

글의
종류

　　이것은 옛날부터 전해 내려오는 이야기다. 이 이야기의 주인공은 신이나 영웅 같은 신성한 존재
다. 남들과 다른 방법으로 태어나, 보통 사람들보다 뛰어난 능력을 지닌다. 주로 주인공이 온갖 어
려움을 이겨 내고 나라를 세우는 등 역사적 사건을 이끌어 내는 내용이 많다. 고조선의 단군이나
신라의 박혁거세에 관한 이야기도 이것에 속한다.

① 시　　　　　　　② 소설　　　　　　　③ 희곡

④ 전설　　　　　　⑤ 신화

6 이 이야기와 어울리지 <u>않는</u> 말을 한 사람을 고르세요.

감상

① 동현: 유화가 낳은 알을 강제로 뺏어서 깨뜨리려고 한 금와왕은 정말 못된 사람인 것 같아.

② 솔지: 주몽이 알을 깨고 나오는 모습이 특히 기억에 남더라.

③ 정수: 주몽이 대소와 친했다면 이렇게 고생할 일은 없었을 텐데. 주몽이 대소에게 잘했어야 해.

④ 재희: 주몽이 고구려를 만든 이후에 동부여와는 어떻게 지냈을지 궁금해.

⑤ 한율: 이 이야기를 통해 고구려가 어떻게 건국되었는지 알 수 있어서 아주 흥미로웠어.

어휘력 기르기

1단계 다음 낱말들의 뜻을 바르게 이으세요

(1) 골격 ●   ● ㉠ 어떤 일로 인하여 뒷날 생기는 걱정과 근심.

(2) 후환 ●   ● ㉡ 겉으로 드러나지 아니한 속마음.

(3) 속내 ●   ● ㉢ 동물의 몸매를 이루는 뼈.

2단계 다음 문장의 빈칸에 알맞은 낱말을 위에서 찾아 쓰세요.

(1) 준태는 나보다 ⬚ 이 크고, 힘도 세다.

(2) 윤형이는 표정의 변화가 없어서 그 ⬚ 를 전혀 알 수가 없다.

(3) 지금 이 문제를 해결하지 않으면 나중에 큰 ⬚ 이 있을 것이다.

3단계 다음 설명을 읽고 적절한 낱말을 골라 쓰세요.

> **천재**: 태어날 때부터 타고난, 남보다 훨씬 뛰어난 재주. 또는 그런 재능을 가진 사람.
>
> **천제**: 하늘을 다스리는 황제.
>
> **천체**: 우주에 존재하는 모든 물체.

(1) 그는 모든 악기를 잘 다루는 ⬚ 였으나 안타깝게도 젊은 나이에 세상을 떠났다.

(2) 단군 신화에서, ⬚ 의 아들 환웅은 웅녀와 혼인하여 단군을 낳는다.

(3) 태양, 지구, 달, 인공위성 등은 모두 ⬚ 다.

우리 몸에서 호흡을 담당하는 ㉠ **기관**을 호흡 기관이라고 합니다. 호흡 기관은 우리 몸에 필요한 기체는 몸속으로 받아들이고, 불필요한 기체는 밖으로 내보냅니다.

코와 입은 공기를 받아들이는 기관입니다. 코안의 코털과 **섬모**는 공기 속에 있는 **이물질**을 거릅니다. 코는 **점액**을 **분비**해 이물질과 세균을 몸 밖으로 내보냅니다. 이 점액을 콧물이라고 합니다. 코딱지는 콧물과 이물질이 섞여 마른 것입니다. 큰 소리를 내며 숨을 한꺼번에 내뿜어 코에 들어온 이물질을 밖으로 내보내기도 합니다. 이것을 재채기라고 부릅니다. 코나 입의 안쪽은 따뜻하고 촉촉하게 유지됩니다. 그래서 몸속으로 들어가는 공기의 온도와 습도를 조절할 수 있습니다.

우리 목에는 길이 두 개 있습니다. 하나는 식도, 다른 하나는 ㉡ 기관입니다. 식도는 우리가 입으로 먹은 음식이 위로 내려가는 길입니다. 기관은 코나 입에서 들이마신 공기가 폐로 전해지는 길입니다. 식도로 가야 할 음식물이 기관으로 잘못 넘어가면 기침이 크게 나오는데, 이것을 사레라고 합니다. 기관 안에는 섬모가 많이 나 있습니다. 기관의 섬모도 ㉢ 코털이나 코안의 섬모와 같은 역할을 합니다. 기관에서도 점액이 나오는데, 이것이 가래입니다. 우리는 가래를 뱉어, 코에서 거르지 못해 기관으로 넘어간 이물질과 세균을 몸 밖으로 내보냅니다. 기관에서 가늘게 뻗어 나와 좌우의 폐로 들어가는 것을 기관지라고 합니다. 기관지는 폐 속에서 더 가늘게 갈라집니다. 그리고 그 끝에는 **폐포**가 있습니다.

폐는 가슴 안의 좌우에 하나씩 있습니다. 폐가 크게 부풀면서 공기를 **흡입**하고, 폐가 수축하면서 공기를 **배출**합니다. 성인의 폐에는 포도송이처럼 생긴 폐포가 3억 개 이상 있습니다. 폐포는 **모세 혈관**으로 둘러싸여 있는데, 이곳에서 공기의 교환이 이루어집니다. 폐포는 모세 혈관으로 산소를 보내고, 모세 혈관에서 이산화 탄소를 받습니다. 폐포가 포도송이처럼 생긴 까닭은 **표면적**을 넓게 하여 산소와 이산화 탄소의 교환이 잘 이루어지게 하기 위해서입니다.

폐 아래에는 가슴과 배를 나누는 막이 있습니다. 근육으로 이루어진 이 막을 가로막(횡격막)이라고 합니다. 폐에는 근육이 없어 스스로 **팽창**하거나 **수축**할 수 없습니다. 우리가 숨을 쉴 수 있는 까닭은, 가로막이 위아래로 움직이면서 폐를

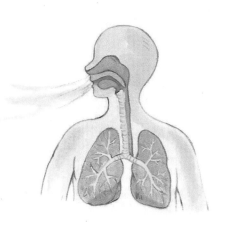

크게 했다가 작게 하기 때문입니다.

　우리는 호흡 기관을 통해 숨을 쉬고, 그렇게 받아들인 산소를 이용해 살아갑니다. 코나 입으로 들이마신 산소는 기관과 기관지를 지나 폐의 폐포에서 모세 혈관으로 이동합니다. 그러면 피는 몸의 구석구석을 돌며 산소를 공급합니다. 또 이산화 탄소를 싣고 와 폐의 모세 혈관에서 폐포로 이산화 탄소를 넘깁니다. 그러면 이산화 탄소는 기관지와 기관을 지나 코와 입을 통해 몸 밖으로 배출됩니다.

기관 일정한 모양과 기능을 가지고 있는 생물체의 부분. 器 기관 기 官 일 관　**섬모** 세포 겉에 돋아나 있는, 가는 실 모양의 물질. 纖 가늘 섬 毛 털 모　**이물질** 다른 물질. 異 다를 이 物 물건 물 質 본질 질　**점액** 끈끈한 성질이 있는 액체. 粘 끈끈할 점 液 진 액　**분비** 세포가 어떤 물질을 세포 밖으로 내보내는 일. 分 나눌 분 泌 분비할 비　**폐포** 폐로 들어간 기관지의 끝에 포도송이처럼 달려 있는 자루. 肺 허파 폐 胞 세포 포　**흡입** 기체나 액체 등을 빨아들임. 吸 마실 흡 入 들 입　**배출** 안에서 밖으로 밀어 내보냄. 排 밀칠 배 出 나갈 출　**모세 혈관** 온몸의 조직에 그물 모양으로 퍼져 있는, 매우 가는 혈관. 毛 가늘 모 細 가늘 세 血 피 혈 管 관 관　**표면적** 물체 겉면의 넓이. 表 겉 표 面 겉 면 積 넓이 적　**팽창** 부풀어서 부피가 커짐. 膨 부풀 팽 脹 부풀 창　**수축** 부피나 크기가 줄어듦. 收 오그라들 수 縮 오그라들 축

1

핵심어

이 글에서 가장 중요한 말은 무엇인가요?

① 기체　　　　　　　　　② 호흡 기관

③ 산소　　　　　　　　　④ 이산화 탄소

⑤ 폐포

2

어휘

㉠과 ㉡은 모양과 소리가 같지만 뜻은 전혀 다릅니다. 밑줄 친 낱말 가운데 뜻이 다른 하나를 찾으세요.

① 먹은 음식물을 분해하고 영양분을 흡수하는 부분을 소화 기관이라고 한다.

② 우리가 자고 있을 때에도 신체의 여러 기관은 자신의 역할을 한다.

③ 그 사람은 하체의 여러 기관에 문제가 생겨 걸을 수 없게 되었다.

④ 위와 연결된 기관들에 염증이 생겼다고 의사 선생님께서 아버지께 말씀하셨다.

⑤ 폐포에서 받아들인 이산화 탄소는 기관지와 기관을 지나 입과 코를 통해 몸 밖으로 나온다.

3 다음 중 ⓒ을 찾으세요.

① 공기 속 이물질을 거른다.　　②　공기를 따뜻하게 한다.

③ 공기의 습도를 조절한다.　　④　사레가 걸리게 한다.

⑤ 음식물을 식도로 내려보낸다.

4 다음 중 설명이 <u>틀린</u> 것을 찾으세요.

① 콧물은 코에서 분비되는 점액이다.

② 코딱지는 콧물이 이물질과 섞여 마른 것이다.

③ 재채기는 큰 소리와 함께 숨을 내뿜어 코에 들어온 이물질을 밖으로 내보내는 일이다.

④ 사레는 기관으로 가야 할 음식물이 식도로 잘못 넘어가서 나오는 기침이다.

⑤ 가래는 기관으로 넘어간 이물질과 세균을 몸 밖으로 내보내는 점액이다.

5 우리 몸이 공기를 들이마셔 산소를 피에 공급하는 과정을 잘 나타낸 것을 고르세요.

① 코와 입 → 폐포 → 기관지 → 기관 → 모세 혈관

② 코와 입 → 모세 혈관 → 기관 → 기관지 → 폐포

③ 코와 입 → 기관 → 기관지 → 폐포 → 모세 혈관

④ 코와 입 → 기관지 → 기관 → 모세 혈관 → 폐포

⑤ 코와 입 → 폐포 → 기관 → 기관지 → 모세 혈관

6 다음 중 폐포와 모세 혈관을 가장 잘 나타낸 그림을 찾으세요.

① 　　② 　　③

1단계　다음 낱말의 뜻을 찾아 선으로 이으세요.

(1) 섬모　●　　　　　　　　●　㉠ 끈끈한 성질이 있는 액체.

(2) 점액　●　　　　　　　　●　㉡ 세포 겉에 돋아나 있는, 가는 실 모양의 물질.

(3) 분비　●　　　　　　　　●　㉢ 세포가 어떤 물질을 세포 밖으로 내보내는 일.

2단계　위에서 배운 낱말을 빈칸에 넣어 문장을 완성하세요.

(1) 기관의 ⬜⬜⬜ 는 목으로 넘어간 이물질을 걸러 밖으로 내보낸다.

(2) 우리 강아지 복실이는 '간식'이라는 말만 들으면 침을 ⬜⬜⬜ 한다.

(3) 달팽이는 피부에서 ⬜⬜⬜ 이 나온다.

3단계　다음 밑줄 친 낱말의 반대말을 빈칸에 쓰세요.

(1)
공기를 불어 넣으니 풍선이 <u>팽창</u>했다.

공기를 빼니까 원래대로 ⬜⬜ 했다.

(2)
지금 우리에게 <u>필요한</u> 것은 시간이다.

⬜⬜⬜ 한 물건은 쓰레기통에 넣어라.

문장은 여러 **요소**가 모여 이루어집니다. 예를 들어, "원숭이가 바나나를 먹는다."라는 문장은 주어 (원숭이가), 목적어(바나나를), 서술어(먹는다)로 이루어져 있습니다. 이때, 문장을 이루는 요소인 주어, 목적어, 서술어 등을 **문장 성분**이라고 합니다.

주어는 '누가', '무엇이'에 해당하는 말로, 서술어의 **주체**입니다. 목적어는 '무엇을', '누구를'에 해당 하는 말로, 서술어의 **대상**이 됩니다. 서술어는 '어찌하다', '어떠하다', '무엇이다'에 해당하는 말로, 주어 의 동작, 상태, 성질 따위를 설명합니다.

문장 성분들끼리 잘 어울려야 문장이 어색하지 않습니다. 이를 '호응'이라고 합니다. 자연스러운 문 장을 만들려면 문장 성분 간의 호응이 잘 이루어져야 합니다.

먼저, 주어와 서술어가 잘 어우러져야 합니다. "갈매기와 고래가 헤엄친다."에서, '갈매기'는 '헤엄치 는' 동물이 아니라 '나는' 동물입니다. 따라서 "갈매기가 날고, 고래가 헤엄친다."라고 써야 합니다. 이 처럼 주어에 호응하는 서술어를 알맞게 써야 좋은 문장이 됩니다.

목적어에 어울리는 서술어를 씁니다. "우리는 춤과 노래를 불렀다."라는 문장에서, '춤'은 '추었다'와, '노래'는 '불렀다'와 어울립니다. 따라서 "우리는 춤을 추고 노래를 불렀다."라고 적어야 합니다.

꾸며 주는 말 중에도 **특정한** 서술어와 호응하는 말들이 있습니다. 예를 들어, '결코', '전혀', '별로', '도무지'와 같은 낱말은 '-지 않다', '-지 못하다'와 같은 부정 서술어와 호응합니다. 또 '만약'은 '-다 면', '-거든'과 어울리고, '비록'은 '-ㄹ지라도'와 호응합니다.

시간을 나타내는 말에 따라 서술어의 모습을 달리해야 합니다. '어제, 이미(과거)', '오늘, 지금(현재),' '내일, 내년(미래)'은 시간을 나타내는 말이고, 그에 어울리는 서술어는 '했다', '한다', '할 것이다' 등으 로 알맞게 짝을 맞추어 써야 합니다.

대상에 따라 서술어의 모습을 다르게 하여 높임이나 낮춤을 나타냅니다. 주어를 높이고 싶으면 '이/ 가' 대신에 '께서'를 쓰고, 서술어에는 '-(으)시-'를 붙입니다. '누구에게'의 '누구'를 높이려면 '에게' 대 신 '께'를 쓰고, 높임의 뜻을 지닌 '여쭈다', '드리다', '주무시다' 등과 같은 말을 사용합니다.

이처럼 문장 성분끼리 잘 어울리게 쓰면 생각과 느낌이 분명한 글이 됩니다.

요소 무엇을 이루는 데에 꼭 필요한 물질이나 조건. 要 중요할 요 素 성질 소   **문장 성분** 문장을 이루는 요소. 文 문장 문 章 문장 장 成 이룰 성 分 나눌 분   **주체** 문장 안에서 서술어의 동작이나 상태를 나타내는 대상. 主 주인 주 體 몸 체   **대상** 무엇의 상대나 목표가 되는 것. 對 대할 대 象 모양 상   **호응** 문장에서, 앞에 어떤 말이 오면 거기에 어울리는 말이 따라옴. 呼 부를 호 應 응할 응   **특정한** 특별히 정해져 있는. 特 특별할 특 定 정할 정

1

내용
파악

이 글의 내용과 다른 것은 무엇인가요?

① 문장 성분에는 주어, 목적어, 서술어 등이 있다.

② 주어는 서술어의 주체다.

③ 목적어는 주어의 동작, 상태, 성질 따위를 서술한다.

④ 목적어는 문장에서 '무엇을', '누구를'로 나타난다.

⑤ 문장에서 '어찌하다', '어떠하다', '무엇이다'로 나타나는 것은 서술어다.

2

적용

밑줄 친 부분의 문장 성분이 나머지와 다른 하나를 고르세요.

① 꽃이 활짝 피었다.   ② 찬미는 회장이 아니다.

③ 이것은 내 도끼다.   ④ 누나가 골을 넣었다.

⑤ 개구리가 파리를 잡아먹었다.

3

적용

주어와 서술어의 호응이 자연스러운 문장을 고르세요.

① 나무에 꽃이 열렸다.

② 토끼와 새가 날아다닌다.

③ 진수가 영주에게 책을 빌려주었다.

④ 온종일 아무것도 안 먹었더니 목과 배가 고프다.

⑤ 형은 나보다 키와 몸무게가 더 무겁다.

4 다음 중 문장의 호응이 바르지 <u>않은</u> 것은 어느 것인가요?

적용

① 나는 내일 민정이네 집에 갈 것이다.　　② 희수가 지금 사진을 찍는다.

③ 아버지께서 신문을 보신다.　　④ 민하는 어제 할머니 댁에 간다.

⑤ 정은이가 선생님께 수학 문제를 여쭤보았다.

5 다음 문장을 잘 설명한 것을 찾으세요.

적용

> 할머니께서 내일 오전 열 시에 우리 집에 왔다.

① 문장이 자연스럽다.

② 높임법에 맞추어 문장이 잘 이루어졌다.

③ '할머니'는 '나'보다 나이가 많으니 '께서' 대신 '께'를 써야 한다.

④ 시간을 나타내는 말과 서술어의 호응이 맞지 않는다.

⑤ '할머니는 내일 열 시에 우리 집에 오셨다.'로 고쳐야 한다.

6 다음 중 가장 자연스러운 문장을 고르세요.

적용

① 주찬이는 딸기를 별로 좋아한다.　　② 내 동생은 전혀 내 말을 이해했다.

③ 진원이는 결코 거짓말을 할 사람이다.　　④ 선생님의 말씀이 도무지 이해가 된다.

⑤ 아무리 배가 고파도 남의 것을 훔치면 안 된다.

7 다음 문장이 자연스러워지도록 밑줄 친 부분을 고쳐 쓰세요.

적용

> 현수는 아까 <u>어머니에게</u> 생신 선물을 <u>준다.</u>

1단계   다음 낱말의 뜻을 찾아 줄로 이으세요.

(1) 요소 •

(2) 주체 •

(3) 호응 •

• ㉠ 문장 안에서 서술어의 동작이나 상태를 나타 내는 대상.

• ㉡ 무엇을 이루는 데에 꼭 필요한 물질이나 조건.

• ㉢ 문장에서, 앞에 어떤 말이 오면 거기에 어울리 는 말이 따라옴.

2단계   위에서 배운 낱말을 빈칸에 넣어 문장을 완성하세요.

(1) '왜냐하면'은 '~하기 때문이다'라는 말과 [   ] 한다.

(2) '지수가 떡볶이를 먹는다.'라는 문장에서 '먹는다'의 [   ] 는 '지수'다.

(3) 문장을 이루는 [   ] 에는 주어, 목적어, 서술어 등이 있다.

3단계   밑줄 친 말과 어울리는 낱말을 넣어 문장을 완성하세요.

차라리   비록   결코

(1) 행복은 [   ] 먼 곳에 있지 <u>않다</u>.

(2) [   ] 좋은 뜻에서 <u>했더라도</u> 거짓말은 나쁘다.

(3) 조금 먹을 바에는 [   ] 안 먹는 것이 <u>낫겠다</u>.

무역이란 국가 간에 상품이나 자본, 기술 등을 **매매**하는 경제적 활동을 말합니다. 무역이 발생하는 이유는 국가마다 자연환경, 자본, 기술 등의 상황이 다르기 때문입니다. 그래서 각 국가는 다른 나라보다 풍부한 자원이나 뛰어난 제품을 팔아 경제적 이익을 얻습니다. 오늘날에는 무역이 예전보다 더 자유롭고 활발하게 이루어지면서 세계 각국의 경쟁도 치열해지고 있습니다. 이러한 상황에서 **국제 경쟁력**을 키우려면 어떤 노력을 해야 할까요?

첫째, 국가 브랜드(brand)를 강화해야 합니다. 국가 브랜드란 한 국가에 대한 인지도나 신뢰도, 호감도 등의 다양한 가치들을 합친 것을 말합니다. 최근에는 군사력, 경제력보다 국가의 이미지, 품격 등이 국가 브랜드 형성에 더 큰 영향을 주고 있습니다. 국민과 기업의 다양한 활동이나, 정부의 적극적인 홍보와 관리를 통하여 국가 브랜드는 높아질 수 있습니다. 국가 브랜드의 강화는 그 국가의 제품은 물론이고, 국민이나 기업, 정부에 대한 긍정적인 평가로 이어져 국제 경쟁력 상승에 크게 **이바지합니다.**

둘째, ㉠ 친환경 제품을 개발해야 합니다. 오늘날 세계의 많은 국가가 지구의 환경 문제에 관심을 쏟고 있습니다. ㉡ 환경 오염 물질을 배출하는 제품은 아예 수입하지 않거나, 수입하더라도 세금을 **부과**하는 등의 불이익을 주기도 합니다. 따라서 친환경 제품 개발은 치열한 무역 경쟁 속에서 **우위**에 설 수 있는 중요한 요소입니다. 기술 개발에 대한 적극적인 투자와 지속적인 품질 개선을 통하여 값싸고 질 좋은 친환경 제품을 만들어야 합니다.

셋째, 새로운 무역 시장을 **개척**해야 합니다. 해외 시장을 새롭게 확보하면 제품을 팔 수 있는 소비자를 늘릴 수 있습니다. 또 무역 시장이 늘어나면 기존에 거래하던 무역 시장의 영향을 비교적 덜 받게 되어 안정성을 확보할 수 있습니다.

넷째, 국민 개개인의 노력도 중요합니다. 시시각각 변하고 날로 치열해지는 세계 경제 상황 속에서 개인들은 자기 **계발**을 위해 최선을 다해야 합니다. 또 소비자들은 소비와 저축을 균형 있게 하고, 기업의 직원들은 **혁신**에 힘쓰며, 정부의 관리자들은 자기 일에 책임감을 느끼고 좋은 정책을 잘 집행해야 합니다. 개인의 이러한 노력은 결국 기업과 정부, 나아가 국가 전체의 경쟁력 상승에 중요한 밑바탕이 됩니다.

이처럼 국제 경쟁력을 키우기 위해서는 정부, 기업, 국민이 하나로 힘을 합쳐야 합니다. 이를 통하여 국제 경쟁력을 갖추면 수출이 증가하여 경제는 더욱 성장할 수 있습니다. 또 그로 인해 국민의 생활 수준까지 더 높아질 것입니다.

매매 물건을 팔고 사는 일. 賣 팔 매 買 살 매　**국제 경쟁력** 국제 시장에서, 한 국가의 산업이나 기업이 경제적으로 경쟁하여 나가는 힘. 國 나라 국 際 사이 제 競 다툴 경 爭 다툴 쟁 力 힘 력　**이바지합니다** 도움이 되게 합니다.　**부과** 세금이나 부담금 따위를 매기어 내게 함. 賦 부세 부 課 매길 과　**우위** 남보다 나은 위치나 수준. 優 뛰어날 우 位 자리 위　**개척** 아무도 손대지 않은 분야의 일을 처음 시작하여 새로운 길을 닦음. 開 열 개 拓 넓힐 척　**계발** 재능이나 정신 등을 깨우쳐 열어 줌. 啓 열 계 發 필 발　**혁신** 낡은 것을 바꾸거나 고쳐서 아주 새롭게 함. 革 고칠 혁 新 새 신

---

1 이 글의 중심 생각을 고르세요.

주제

① 지구의 환경 문제 해결을 위해 노력하자.

② 현명하게 소비하자.

③ 해외여행을 자주 하자.

④ 국제 경쟁력을 키우자.

⑤ 제품을 저렴하게 팔자.

2 이 글에서 주장하는 내용과 <u>다른</u> 것을 고르세요.

내용
파악

① 친환경 제품 개발은 무역 경쟁에서 우위에 서는 방법이다.

② 해외 시장을 새롭게 확보하면 소비자를 늘릴 수 있다.

③ 최근에는 국가의 이미지, 품격보다 군사력, 경제력이 국가 브랜드 형성에 더 큰 영향을 준다.

④ 개인의 노력은 곧 국가 전체의 경쟁력 상승에 중요한 밑바탕이 된다.

⑤ 국제 경쟁력을 키우면 국가의 경제는 더욱 성장할 수 있다.

3 한 국가에 대한 인지도나 신뢰도, 호감도 등의 다양한 가치들을 합친 것을 뜻하는 말을 쓰세요.

어휘

4 ㉠의 예로 적절하지 않은 제품을 고르세요.

적용

① 태양광 충전기　　　　　② 대나무 칫솔　　　　　③ 플라스틱 컵

④ 옥수수 전분 비누　　　　⑤ 수소 전기 자동차

5 ㉡에 해당하지 않는 것을 고르세요.

배경
지식

① 자동차에서 배출하는 배기가스.　　　② 댐에서 내보내는 물.

③ 공장 굴뚝에서 나오는 매연.　　　　　④ 가정에서 사용하는 세제.

⑤ 농장에서 사용하는 화학 비료.

6 이 글을 읽고 옳지 않은 말을 한 친구를 고르세요.

적용

① 주용: 세계 각국의 무역 경쟁이 심해지면 국가 간에 크고 작은 다툼이 일어날 수도 있어.

② 유나: 나도 환경을 보호하는 동시에 편리하게 사용할 수 있는 제품을 만들어 보고 싶어.

③ 한철: 새로운 무역 시장을 개척할 때에는 그 시장의 특징을 먼저 조사하는 게 좋겠어.

④ 지현: 세계적인 한식 열풍은 우리나라의 국가 브랜드 강화에 큰 도움이 되고 있어.

⑤ 새화: 나의 소비와 저축이 국가 경쟁력을 키우는 데에 아무런 도움도 되지 않아서 슬퍼.

7 다음 기사를 읽고 변화하는 세계 무역 환경에 대처하는 방안으로 옳지 않은 것을 고르세요.

적용

> 　자유 무역 협정(FTA)으로 국가 간의 무역이 더욱 자유로워지면서 외국의 값싼 농산물 수입이
> 급격하게 증가하고 있다. 수입이 자유화된 150여 개의 농산물 가운데 72개 품목의 수입량이 작년
> 과 비교해서 평균 50% 정도 늘어났다. 그중에서도 수입량이 아주 큰 폭으로 증가한 농산물은 옥
> 수수와 마늘이었다.

① 농약을 많이 사용하여 농산물이 더 잘 자라게 한다.

② 지속적인 품질 개선을 통하여 더욱 질 좋은 농산물을 생산한다.

③ 국산 농산물이 친환경적이고 건강에 더 좋다는 것을 적극적으로 홍보한다.

④ 농업 기술 개발을 통하여 농산물 생산 비용을 낮추기 위해 노력한다.

⑤ 다양한 농작물을 재배하여 수출 시장을 넓힌다.

어휘력 기르기

1단계 다음 낱말들의 뜻을 바르게 이으세요.

(1) 매매 •   • ㉠ 물건을 팔고 사는 일.

(2) 우위 •   • ㉡ 아무도 손대지 않은 분야의 일을 처음
                                               시작하여 새로운 길을 닦음.

(3) 개척 •   • ㉢ 남보다 나은 위치나 수준.

2단계 다음 문장의 빈칸에 알맞은 낱말을 위에서 찾아 쓰세요.

(1) 줄넘기 실력만큼은 내가 누나보다 [   ] 에 있다.

(2) 요즘 중고 물건을 [   ] 하는 사람이 늘고 있다.

(3) 세계의 많은 기업이 새로운 시장을 [   ] 하기 위해 노력한다.

3단계 다음 설명을 읽고 밑줄 친 단어의 적절한 의미를 골라 번호를 쓰세요.

강화	① 수준이나 정도를 더 높임.
	② 싸우던 두 편이 싸움을 그치고 평화로운 상태가 됨.

(1) 두 나라는 긴 전쟁을 끝내고 강화 조약을 맺었다.   (   )

(2) 이번 훈련은 선수들의 체력 강화에 중점을 두고 진행할 예정이다.   (   )

훈민가

정철

[가] 아버님 날 낳으시고 어머님 날 기르시니
두 분이 아니시면 이 몸이 살아 있을까
하늘 같은 끝없는 **은덕**을 어떻게 다 갚을 수 있을까

[나] 어버이 살아 계실 때 **섬기는** 일을 다하여라
돌아가신 다음에 슬퍼하면 무엇하리
평생에 다시 못할 일이 이뿐인가 하노라

[다] 남으로 생긴 것 중에 벗 같은 믿음이 있으랴
나의 **그릇된** 일을 다 말해 주려 하는구나
이 몸이 벗이 아니면 사람 됨이 쉬울까

[라] 오늘도 날이 다 **샜다** **호미** 메고 가자꾸나
내 논 다 매면 네 논도 매어 주마
올 길에 **뽕** 따다가 누에 먹여 보자꾸나

[마] **이고 진** 저 늙은이 짐 풀어 나를 주오
나는 젊었으니 돌인들 무거울까
늙기도 **서럽거늘** 짐까지 지실까

은덕 은혜와 덕. 恩 은혜 은 德 덕 덕　　**섬기는** 신이나 윗사람을 잘 모셔 받드는.　　**그릇된** 옳지 않거나 나쁜.　　**샜다** 날이 밝아 왔다.　　**호미** 잡초를 없애거나 감자, 고구마 등을 캘 때에 쓰는 농기구.　　**뽕** 뽕나무의 잎. 누에의 먹이로 쓴다.　　**이고** 물건을 머리 위에 얹고.　　**진** 물건을 등에 얹은.　　**서럽거늘** 분하고 슬픈데.

1

주제

훈민가는 여러 주제의 시조를 모아서 만든 연시조입니다. [나] ~ [마]의 중심 생각을 바르게 연결하세요.

[나]　•

[다]　•

[라]　•

[마]　•

•　① 농촌의 부지런한 생활과 이웃끼리 서로 돕는 마음.

•　② 부모님께서 살아 계실 때 잘 모시자.

•　③ 노인을 공경하자.

•　④ 친구의 중요성.

2

주제

내용과 주제가 [가]와 비슷한 것은 무엇인가요?

① [나]　　　　　　　② [다]

③ [라]　　　　　　　④ [마]

3

내용
파악

이 시에 대한 설명으로 옳지 <u>않은</u> 것을 찾으세요.

① 형식이 정해져 있는 시조다.

② 각 작품이 3행으로 이루어져 있다.

③ 예스러운 표현이 쓰였다.

④ 교훈적인 내용을 담고 있다.

⑤ [가]~[마]의 내용이 자연스럽게 이어진다.

4

추론

이 시의 내용을 보고 제목 '훈민가'의 뜻을 짐작해 보세요.

① 훈민정음의 내용을 담은 노래.

② 세종 대왕의 업적을 담은 노래.

③ 백성을 가르치는 노래.

④ 신나는 음악에 맞추어 부르는 노래.

⑤ 백성들의 훈훈한 이야기를 담은 노래.

5

표현

이 시에서 묻는 표현이 나타나지 않는 작품을 찾으세요.

① [가]   ② [나]   ③ [다]   ④ [라]   ⑤ [마]

6

구조

다음 설명을 읽고, 이 시에서 시조의 형식에 어긋나는 것을 찾으세요.

> 시조는 한 편이 세 부분으로 이루어졌다. 첫 부분을 '초장', 둘째 부분을 '중장', 마지막 부분을 '종장'이라고 부른다. 각 장의 글자 수가 정해져 있으나 조금씩 변동이 가능하다. 하지만 종장의 첫 부분은 꼭 세 글자로 이루어져야 한다. 시조 여러 편이 제목 하나로 엮여 있는 것을 연시조라고 한다.

① [가]   ② [나]   ③ [다]   ④ [라]   ⑤ [마]

7

감상

이 시를 주제에 맞게 가장 잘 읽은 사람은 누구인가요?

① 지수: 친구끼리는 믿음이 중요한데 정민이는 왜 내 말을 자꾸 의심하는지 모르겠어. 화나.

② 윤정: 어머니께 짜증 낸 일이 생각났어. 이제는 부모님께 짜증 내지 않고 걱정 끼치지 않을래.

③ 미리: 밭일을 호미로 하면 얼마나 힘들까? 농작물을 먹을 때 농부께 감사하게 생각해야 해.

④ 현규: 누에가 뽕을 먹는다는 사실을 처음 알았어. 시인은 지식을 전하려고 이 시를 쓴 것 같아.

⑤ 정호: 노인에게 짐을 달라는 걸 보니, 말하는 이는 힘이 무척 센 게 분명해.

1단계   다음 낱말들의 뜻을 찾아 선으로 이으세요.

(1) 은덕 ●　　　　　　　　　　　　● ㉠ 세상에 태어나서 죽을 때까지의 동안.

(2) 평생 ●　　　　　　　　　　　　● ㉡ 은혜와 덕.

(3) 호미 ●　　　　　　　　　　　　● ㉢ 잡초를 없애거나 감자, 고구마 등을 캘 때에 쓰는 농기구.

2단계   위에서 배운 낱말을 빈칸에 넣어 문장을 완성하세요.

(1) 할아버지는 □□□□□ 부지런히 일하며 사셨다.

(2) 장기려 선생님은 가난한 환자에게 □□□□□ 을 베푸셨다.

(3) □□□□□ 로 땅을 파니 그 속에 탐스러운 고구마가 많이 묻혀 있었다.

3단계   다음 낱말의 뜻을 읽고, 빈칸에 알맞은 낱말을 골라 쓰세요.

> **매다:** 논밭에 난 잡풀을 뽑다.
>
> **메다:** 어깨에 걸치거나 올려놓다.

(1) 재민이는 가방을  고 학교로 달렸다.

(2) 우리가 도착했을 때, 할머니는 콩밭을 고 계셨다.

틀린 문제 유형에 표시하세요.

☐ 인물 ☐ 적용 ☐☐ 추론 ☐ 주제 ☐ 배경지식

㉠
- 때: 옛날
- 곳: 어느 마을
- 등장인물: 흥부, 놀부, 흥부 아내, 놀부 아내, 제비, ㉡

옛날 옛적, 어느 마을에 흥부와 놀부가 함께 살고 있었습니다. 동생 흥부는 정이 많고 착했으나, 형 놀부는 심술궂고 ㉢ **이기적**이었습니다. 아버지가 죽자 놀부는 흥부 가족을 내쫓았습니다.

허름한 흥부네 집 처마 밑에는 제비 가족이 살고 있었습니다. 어느 날, 흥부는 마당에 떨어져 다리가 부러진 새끼 제비 한 마리를 발견했습니다.

흥　　부: (㉣) ㉤ 이런, 다리가 부러졌구나. 얼마나 아플까?

흥부 아내: 다친 곳을 천으로 꽁꽁 묶었으니 이제 괜찮을 거예요.

흥　　부: 제비야, 다음부터는 조심하거라.

다음 해 봄이 되자 따뜻한 나라에 갔던 제비가 흥부네 집에 다시 찾아왔습니다. 제비는 입에 물고 온 박씨를 흥부에게 주었습니다. 흥부네 가족은 박씨를 정성스레 심었습니다. 금방 싹이 나고 자라더니 지붕 위에 큰 박이 달렸습니다.

흥　　부: (기대감에 찬 표정으로) 쓱싹쓱싹, 톱질하세. 영차, 영차!

흥부 아내: (신난 말투로) 박을 **타세**, 박을 타세. 영차, 영차!

흥　　부: (눈이 **휘둥그레지며**) 여보, 보시오! 박 안에서 **금은보화**가 쏟아져 나오고 있소.

며칠 뒤, ㉥ 흥부가 큰 부자가 되었다는 소식을 듣고 놀부는 흥부를 찾아갔습니다.

놀　　부: (㉦ **배 아파하며**) 네 이놈, 흥부야! 도둑질하여 부자가 되더니 살 만하더냐?

흥　　부: 형님, 아닙니다. 저희 집에 살던 새끼 제비의 다리가 부러져 고쳐 주었더니 그놈이 글쎄 박씨 하나를 가져다주는 게 아니겠습니까? 그것을 심어 키웠더니 박에서 온갖 금은보화가 쏟아져 나왔습니다. 오해 마십시오.

놀   부: (기뻐하며) 오호라, 나도 다리가 부러진 제비만 있으면 부자가 될 수 있겠구나!

어느덧 놀부의 집에도 제비가 날아와 새끼를 낳고 살기 시작했습니다. 하지만 며칠이 지나도 제비가 다리를 다치지 않자 놀부의 인내심은 바닥났습니다.

놀   부: (손발을 부르르 떨며) 더는 못 참겠군! 여보, 새끼 제비 한 마리만 꺼내 오시오.

놀부 아내: (새끼 제비를 꺼내 오며) 잘 생각했어요.

놀   부: (새끼 제비의 다리를 직접 부러뜨리며) 내가 안 아프게 다시 붙여 주마.

다음 해가 되자 제비는 놀부에게도 박씨를 물어다 주었습니다. 박씨를 심자 얼마 뒤 놀부네 집 지붕에도 큰 박이 달렸습니다. 놀부와 아내는 설레는 마음으로 그 박을 열었습니다. 그런데 박 안에서 **험악한** 도깨비들이 튀어나왔습니다.

도 깨 비: (화난 목소리로) 놀부, 네 이놈! 자기 욕심 채우기에만 **급급한** 네놈을 내가 벌하러 왔다. 네 죄가 얼마나 큰지 알겠느냐!

놀   부: 으악, 잘못했습니다. 다시는 그러지 않겠습니다. 한 번만 살려 주십시오.

도깨비들은 놀부네 집을 **쑥대밭**으로 만들고 사라졌습니다. 순식간에 거지가 된 놀부 부부는 엉엉 울며 흥부네 집으로 향했습니다. 흥부는 뛰어나와서 두 사람을 따뜻하게 맞아 주었습니다. 놀부 부부는 흥부에게 감동하여 그동안의 잘못을 진심으로 뉘우쳤습니다. 그 후로 흥부와 놀부는 사이좋은 형제가 되어 오래오래 행복하게 잘 살았답니다.

- 희곡, 〈흥부와 놀부〉

이기적 자기 자신의 이익만을 생각하는. 利 이로울 이 己 자기 기 的 과녁 적   **허름한** 좀 낡고 헌 듯한.
타세 박 등을 톱 같은 기구를 써서 밀었다 당겼다 하여 갈라지게 하세.   **휘둥그레지며** 놀라서 눈이 크고 둥글게 되며.   **금은보화** 금, 은, 옥, 진주 같은 매우 귀중한 물건. 金 금 금 銀 은 은 寶 보물 보 貨 돈 화
험악한 생김새나 표정이 거칠고 사나운. 險 험할 험 惡 악할 악   **급급한** 한 가지 일에만 정신을 쏟아 다른 일을 할 마음의 여유가 없는. 汲 길을 급 汲 길을 급   **쑥대밭** 매우 어지럽거나 완전히 망해서 폐허가 된 상태를 비유적으로 이르는 말.

1

ⓛ에 들어갈 등장인물을 쓰세요.

2

적용

©과 같은 성격을 가진 사람을 고르세요.

① 할머니께 지하철 자리를 양보한 윤철.

② 오르막길에서 휠체어를 탄 어르신을 밀어드린 재원.

③ 다리를 다친 친구를 보건실까지 데려다 준 지훈.

④ 쓰레기를 들고 다니기 귀찮아서 길가에 버린 인호.

⑤ 자신이 먹을 과자를 사면서 동생 것까지 같이 고른 예준.

3

추론

ⓔ에 들어갈 말로 적절한 것을 고르세요.

① 안타까워하며   ② 기뻐하며   ③ 귀찮다는 듯이

④ 화난 표정으로   ⑤ 놀리듯이

4

추론

ⓢ의 이유로 적절한 것을 고르세요.

① 자기가 실패했던 도둑질을 동생이 성공해서.

② 동생이 하루아침에 부자가 되어서.

③ 화장실에서 볼일을 보지 못해서.

④ 흥부와 함께 박을 타다가 배를 다쳐서.

⑤ 동생을 축하해 주며 계속 웃어서.

5

주제

이 희곡의 주제로 적절한 말을 완성하세요.

권 [서] 징 [아] : 착한 일을 권하고 악한 일을 벌함.

6

배경
지식

이 희곡에 대한 설명으로 틀린 것을 고르세요.

① ㉠은 '해설'로, 장소, 인물, 무대 장치 등을 설명하는 부분이다.

② ⓔ에 들어갈 말을 '지문'이라고 부른다.

③ 지문은 인물의 동작, 말투, 표정 등을 지시하는 부분이다.

④ ㉤은 '대사'로, 등장인물이 하는 말을 나타낸다.

⑤ ㉥은 등장인물들이 함께 말하는 '지문'이다.

어휘력 기르기

1단계 다음 낱말들의 뜻을 바르게 이으세요.

(1) 허름한 •

(2) 험악한 •

(3) 급급한 •

• ㉠ 좀 낡고 헌 듯한.

• ㉡ 생김새나 표정이 거칠고 사나운.

• ㉢ 한 가지 일에만 정신을 쏟아 다른 일을 할 마음의 여유가 없는.

2단계 다음 문장의 빈칸에 알맞은 낱말을 위에서 찾아 쓰세요.

(1) 모두 자기 일에 [　　　　　] 나머지 주변 일을 신경 쓰지 못했다.

(2) 형은 화가 많이 났는지 [　　　　　] 표정을 지으며 나에게 다가왔다.

(3) 그분은 산속 [　　　　　] 집에 혼자 살고 계신다.

3단계 다음 설명을 읽고 문장에 어울리는 낱말에 ○표 하세요.

> **이기적** : 자기 자신의 이익만을 생각하는 것.
>
> **이타적** : 자기의 이익보다는 다른 이의 이익을 더 생각하는 것.

(1) 흥부처럼 (이기적 / 이타적)인 삶을 살면 큰 복을 받는다.

(2) 놀부는 (이기적 / 이타적)으로 살았으나 나중에는 자기 행동을 반성하여 새사람이 되었다.

우리나라는 분단국가입니다. 남한과 북한을 갈라놓고 있는 비무장 지대(DMZ: Demilitarized Zone)가 우리나라의 분단을 상징하고 있습니다.

우리나라는 1945년 8월 15일 광복 이후, 남과 북으로 나뉘었습니다. 우리나라에 있던 일본군의 **무장**을 해제한다는 이유로, 미국과 **소련**이 **북위** 38도선을 기준으로 남북에 각각 군대를 **주둔**하였기 때문입니다. 결국 통일 정부를 세우려는 노력은 실패로 끝나고, 남북이 각각 민주주의와 사회주의 정부를 수립하면서 38선은 **국경선**처럼 되어 버렸습니다.

시간이 흘러, 1950년 6월 25일에 한국 전쟁이 일어났습니다. 그리고 3년 뒤에 **유엔**, 중국, 북한 대표가 모여 **휴전 협정**을 맺으면서 전쟁이 중지되었습니다. 이에 따라 한반도는 군사 **분계선**(휴전선)을 기준으로 남과 북으로 갈라졌습니다. 군사 분계선은 38선에 비해 서쪽은 남한으로, 동쪽은 북한으로 조금씩 넘어갔습니다. 그래서 한국 전쟁 전에 남한 땅이던 개성이 북한 땅이 되었고, 북한 땅이던 경기도 연천과 강원도 철원, 인제, 고성 등은 남한 땅이 되었습니다.

남과 북은 군사 분계선에서 2㎞씩 후퇴하여 선을 그었습니다. 이 선을 각각 남방 한계선, 북방 한계선이라고 합니다. 남북은 평화 유지를 위해 남방 한계선과 북방 한계선 사이 4㎞에 어떠한 무기나 군대를 두지 않기로 했습니다. 이곳이 바로 비무장 지대입니다.

비무장 지대는 오랫동안 사람들의 발길이 닿지 않아 자연 상태가 잘 보존되어 있습니다. 숲과 습지 등 동물들이 서식하기 좋은 곳이 많아 산양, 사향 노루, 반달가슴곰 등 멸종 위기의 야생 동물과 솜다리, 솔나리 등 **희귀** 식물이 자라고 있습니다. 이처럼 비무장 지대는 **생태계**가 잘 유지되고 있어 그 가치를 인정받고 있습니다.

비무장 지대 근처에는 일반인이 함부로 갈 수 없는 통제 구역이 있습니다. 남방 한계선에서 5~20㎞까지 떨어진 **민간인** 출입 통제선(민통선)입니다. 이 선 안쪽에는 전쟁이 다시 일어날 경우를 대비해 군사 시설을 갖춰 놓았습니다. 이곳은 군사 작전상 중요한 곳이므로 민간인이 마음대로 드나들 수 없습니다.

비무장 지대 주변에는 전쟁의 흔적이 남아 있습니다. 한국 전쟁 중 북한군과 유엔군이 설치해 놓은 수많은 **지뢰**가 그것입니다. 비무장 지대와 민통선 안에 묻혀 있는 지뢰 때문에 많은 사람과 동물이 목숨을 잃거나, 발목이 잘리는 사고를 당했습니다. 국군과 유엔군의 노력으로 많이 제거되었지만, 아직도 발견되지 않은 지뢰가 많이 묻혀 있습니다.

비무장 지대가 우리나라에만 있었던 것은 아닙니다. 베트남은 1954년에 남과 북으로 분단되면서 비무장 지대가 생겼었지만 1976년에 통일이 되어 사라졌습니다. 독일이 동독과 서독으로 분단되었을 때에도 비무장 지대가 있었지만 1990년에 통일이 되면서 없어졌습니다.

무장 전투에 필요한 장비를 갖춤. 武 무기 무 裝 간직할 장　　**소련** 유럽 동부에서 아시아 북부에 걸쳐 있었던 국가. 정식 명칭은 소비에트 사회주의 공화국 연방. (1922~1991)　　**북위** 적도에서 북극까지 고르게 나눈 위도(적도를 기준으로, 지구를 가로 방향으로 나눈 것). 北 북녘 북 緯 가로 위　　**주둔** 군대가 어떤 곳에 머무르는 일. 駐 머무를 주 屯 진 칠 둔　　**국경선** 나라와 나라 사이의 경계선. 國 나라 국 境 경계 경 線 선 선　　**유엔** 전쟁 방지와 평화 유지를 위해 설립된 국제 기구. (UN: United Nations)　　**휴전** 전쟁을 얼마 동안 멈추는 일. 休 쉴 휴 戰 전쟁 전　　**협정** 서로 의논하여 결정함. 協 화합할 협 定 정할 정　　**분계선** 전쟁 중인 양측의 협정에 따라 설정한 군사 활동의 한계선. 分 나눌 분 界 경계 계 線 선 선　　**희귀** 드물어서 매우 귀함. 稀 드물 희 貴 귀할 귀　　**생태계** 일정한 환경에서, 생물이 서로 영향을 주며 균형과 조화를 이루는 자연의 세계. 生 날 생 態 모양 태 系 이을 계　　**민간인** 공무원, 군인, 경찰이 아닌 보통 사람. 民 백성 민 間 사이 간 人 사람 인　　**지뢰** 땅속에 묻어 두고, 그 위를 지나가면 폭발하도록 만든 폭약. 地 땅 지 雷 천둥 뢰

---

1 이 글의 가장 중심이 되는 말은 무엇인가요?

핵심어

① 분단　　　　　　② 휴전선　　　　　　③ 한국 전쟁

④ 비무장 지대　　　⑤ 38도선

2 이 글의 내용과 <u>다른</u> 문장을 고르세요.

내용
파악

① 38선과 군사 분계선의 위치는 같다.

② 우리나라는 분단국가다.

③ 남한 땅이던 개성이 군사 분계선이 생기면서 북한 땅이 되었다.

④ 휴전 협정을 맺으면서 한반도가 군사 분계선을 기준으로 남과 북으로 갈라졌다.

⑤ 광복 직후 우리나라는 미국과 소련에 의해 38도선을 경계로 나뉘었다.

3 군사 분계선을 기준으로 남과 북에 각각 2㎞ 내에 위치한 영역으로, 무기나 군대를 배치하지 않기로

내용
파악

한 곳은 어디인가요?

4

비무장 지대에 관한 설명입니다. 맞으면 ○표, 틀리면 X표 하세요.

(1) 무기나 군대를 둘 수 없는 곳이다.   (   )

(2) 자연 상태가 훼손되어 보존이 시급한 곳이다.   (   )

(3) 현재, 베트남과 독일에도 비무장 지대가 있다.   (   )

(4) 비무장 지대 부근에는 민간인 통제 구역이 있다.   (   )

(5) 비무장 지대 주변에 있는 지뢰는 모두 제거되었다.   (   )

5

다음은 군사 분계선 부근의 지도입니다. 선들의 이름을 보기에서 찾아 쓰세요.

> 북방 한계선   남방 한계선   민간인 출입 통제선(민통선)

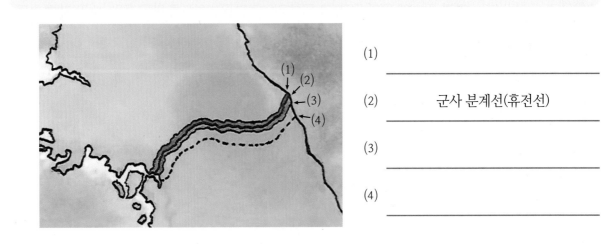

(1) _____

(2) 군사 분계선(휴전선) _____

(3) _____

(4) _____

6

다음에서 설명하고 있는 장소는 어디인가요?

> 비무장 지대 안에 있으며, 남북한 대표들이 만나 논의하는 장소로 사용된다. 1953년 7월 27일 남북 휴전 협정이 이뤄지면서, 이곳을 유엔과 북한 측이 공동으로 경비를 서는 구역으로 정했다. 그해 8월에서 9월 초까지의 이곳에서 포로를 교환하기도 했다. 현재는 국군과 북한군이 각각의 초소에서 경비를 서고 있다.

① 임진각   ② 통일 전망대   ③ 백마고지

④ 평화 전망대   ⑤ 공동 경비 구역(판문점)

어휘력 기르기

1단계 다음 낱말들의 뜻을 바르게 이으세요.

(1) 무장　•

(2) 주둔　•

(3) 휴전　•

• ㉠ 군대가 어떤 곳에 머무르는 일.

• ㉡ 전쟁을 얼마 동안 멈추는 일.

• ㉢ 전투에 필요한 장비를 갖춤.

2단계 위에서 배운 낱말을 빈칸에 넣어 문장을 완성하세요.

(1) 우리나라는 1953년 7월 27일에 [　　　　　　　] 협정을 맺었다.

(2) 사이렌이 울리자 군인들은 [　　　　　　　] 을 하고 전투 준비에 들어갔다.

(3) 광복 이후, 38선을 기준으로 미군은 남쪽, 소련군은 북쪽에 [　　　　　　　] 하였다.

3단계 낱말 풀이를 읽고, '선(線 줄 선)'자가 들어가는 낱말을 넣어 문장을 완성하세요.

(1) 강대국들은 아프리카를 침략하여 [구][겨][　] 을 자신들의 편의대로 나누었다.

　　* 나라와 나라 사이의 경계선.

(2) '[군][사][　][　][　]'을 다른 말로 '휴전선'이라고도 한다.

　　* 전쟁 중인 양측의 협정에 따라 설정한 군사 활동의 한계선.

(3) 북방 한계선과 [남][방][　][　][　] 사이의 지역을 비무장 지대라고 한다.

　　* 휴전선에서 남쪽으로 2km 떨어진 지역에 동서로 그은 선.

두 가지 이상의 물질이 섞여 있는 액체를 '용액'이라고 합니다. 용액은 성질에 따라, 산성, 중성, 염기성으로 나누어 볼 수 있습니다. 산성, 염기성 같은 성질을 나타내는 **표지**로 'pH(페하)'를 씁니다. 중성은 pH7입니다. 산성은 'pH' 뒤에 7보다 작은 숫자를, 염기성은 7보다 큰 숫자를 적습니다.

산성이란 액체 속에 수소 이온이 많이 있는 상태를 말합니다. 여기서 이온이란 '+'나 '-'의 전기적 성질을 띠는 **원자**나 **원자단**을 말합니다. 산성 용액에는 '+'성질을 띤 수소 이온이 많습니다. 산성 물질은 대부분 신맛을 내며, 전기가 잘 통합니다. 또 금속과 반응하여 수소 기체를 발생하고, 푸른 **리트머스** 시험지를 붉게 변하게 합니다.

우리가 이용하는 물질 가운데 산성인 것이 많습니다. 대표적인 것이 식초입니다. 냉면처럼 신맛이 필요한 음식을 만들 때에 사용합니다. 레몬, 김치, 요구르트처럼 신맛을 내는 음식들은 대부분 산성입니다. 신맛은 없지만 탄산음료도 산성 식품입니다.

그런데 산성 물질이 우리에게 도움만 주는 것은 아닙니다. 대기의 오염 물질 가운데에는 산성 물질도 포함되어 있습니다. 또 이것이 하늘로 올라가 수증기에 녹아 있다가 내리면 그 비도 산성을 띱니다. 이것을 산성비라고 하는데, 산성비는 건축물을 **부식**시키고, 흙을 산성으로 만들어 식물에 해를 끼치며, 물에 흘러가면 수중 생물들의 목숨을 위협할 수 있습니다. 이에 따라 생태계가 망가지기도 합니다. 그리고 강한 산성 물질은 달걀 껍데기부터 대리석 같은 돌뿐 아니라 금속까지 녹입니다.

pH7이 넘는 것을 염기성 물질이라고 합니다. 염기성 물질 안에는 '-'성질을 띤 수산화 이온이 많습니다. 염기성 물질은 대체로 쓴맛을 내며, 만지면 미끄러운 특징이 있습니다. 또 붉은색 리트머스 시험지를 푸르게 변화시킵니다. 염기성을 알칼리성이라고도 부릅니다.

염기성 물질은 단백질을 녹이는 성질이 있습니다. 그래서 머리카락으로 **배수구**가 막혔을 때 염기성 물질을 사용하면 머리카락이 녹아 배수구가 뚫립니다. 빨래를 할 때 비누나 세제를 쓰면 비누나 세제가 물에 녹아 염기성을 띱니다. 그러면 그 비눗물이 옷에 붙어 있던 때를 녹여 없앱니다.

산과 마찬가지로, 염기도 좋은 면만 있지는 않습니다. 빵을 부풀게 하려고 사용하는 베이킹파우더를 제외하면 대부분 식용이 불가능합니다. 또 강한 염기가 몸에 닿으면 피부를 녹일 수 있기 때문에 무척 위험합니다.

산성이나 염기성을 줄이거나 없애려면 반대 성질의 물질을 넣습니다. 이것을 '㉠ 중화'라고 합니다. 사람의 위에 있는 **위산**은 산성입니다. 위산이 정상보다 많이 분비되어 속이 쓰릴 때 염기성 **제산제**를 먹으면 산성이 중화되어 증상이 **완화**됩니다.

표지 어떤 사물을 다른 것과 구별하는 표시. 標 나타낼 표 識 표시할 지 **원자** 물질의 기본 구성 단위. 原 근본 원 子 열매 자 **원자단** 몇 개의 원자가 결합하여 하나의 원자 역할을 하는 집단. 原 근본 원 子 열매 자 團 모일 단 **리트머스** 리트머스이끼 같은 이끼 종류의 식물에서 짜낸 자줏빛 색소. 염기를 만나면 푸른색, 산을 만나면 붉은색이 된다. litmus **부식** 염기류, 산류 등에 의해 손상이 일어남. 腐 썩을 부 蝕 갉아 먹을 식 **배수구** 물을 빼내거나 물이 빠져나가는 곳. 排 밀어낼 배 水 물 수 口 입 구 **중화** 산과 염기가 반응하여 서로의 성질을 잃음. 中 가운데 중 和 순할 화 **위산** 위액 속에 있는 산성 물질. 胃 위 위 酸 산 산 **제산제** 위산이 너무 많아 생기는 위산 과다증, 위가 허는 위궤양 등을 치료하는 약. 制 억제할 제 酸 산 산 劑 약 제 **완화** 병의 증상이 줄어들거나 누그러짐. 緩 느슨할 완 和 순할 화

---

1 글쓴이가 이 글을 쓴 목적은 무엇일까요?

주제

① 이온의 성질을 알리려고. ② 산과 염기에 대해 알리려고.

③ 산성비의 위험성을 알리려고. ④ 환경을 보호하자고 주장하려고.

⑤ '중화'의 원리를 설명하려고.

2 다음 표의 빈칸에 알맞은 말을 넣어 이 글을 정리하세요.

내용 파악

산성		염기성
(1) ☐ 보다 작다	pH 수치	(1) ☐ 보다 크다
수소 이온	많이 있는 이온	수산화 이온
(2) ☐	맛	(3) ☐
(4) ☐ 가 잘 통한다	특징	만지면 미끄럽다

3 다음은 산성 물질과 염기성 물질로 실험한 결과입니다. 빈칸에 알맞은 색깔을 쓰세요.

내용
파악

(1) 산성 물질 [　　　　] 색 리트머스 시험지를 [　　　　] 색으로 변하게 한다.

(2) 염기성 물질 [　　　　] 색 리트머스 시험지를 [　　　　] 색으로 변하게 한다.

4 다음 중 산성 물질이 <u>아닌</u> 것을 찾으세요.

내용
파악

① 레몬　　　　　　② 식초　　　　　　③ 요구르트

④ 탄산음료　　　　⑤ 베이킹파우더

5 다음 중 산성비에 의한 피해가 <u>아닌</u> 것을 찾으세요.

내용
파악

① 건물을 부식시킨다.

② 토양을 산성화하여 식물에 해를 끼친다.

③ 물속에 사는 생물들의 목숨을 위협한다.

④ 닭이 아주 단단한 달걀을 낳게 한다.

⑤ 생태계를 망가뜨린다.

6 다음 중 ㉠ 중화 작용의 예가 <u>아닌</u> 것 찾으세요.

적용

① 공장에서 나오는 산성 물질에 염기성 물질을 뿌렸다.

② 벌의 독이 산성인 것을 알아, 벌에 쏘인 곳에 염기성 암모니아수를 발랐다.

③ 아버지는 신맛을 좋아하셔서 냉면에 식초를 듬뿍 넣고 드셨다.

④ 염기성 물질 때문에 나는 비린내를 없애기 위해 생선회에 레몬즙을 뿌렸다.

⑤ 산성이 된 호수에 염기성 석회 가루를 뿌렸다.

어휘력 기르기

1단계　다음 낱말의 뜻을 찾아 선으로 이으세요.

(1) 원자　●　　　　　　　　　　●　㉠ 위액 속에 있는 산성 물질.

(2) 부식　●　　　　　　　　　　●　㉡ 물질의 기본 구성 단위.

(3) 위산　●　　　　　　　　　　●　㉢ 염기류, 산류 등에 의해 손상이 일어남.

2단계　위에서 배운 낱말을 빈칸에 넣어 문장을 완성하세요. (3)에는 같은 낱말이 두 번 쓰입니다.

(1) 아버지께서 속이 쓰리신 까닭은 [　　　　　　　] 이 너무 많이 나오기 때문이다.

(2) 산성비 때문에 탑 아랫부분에 [　　　　　　　] 이 일어났다.

(3) 산소 [　　　　　　] 와 수소 [　　　　　　] 가 결합하여 물 분자가 만들어졌다.

　* **분자** 화학적 형태와 성질을 잃지 않고 분리될 수 있는 최소의 물체.

3단계　다음 뜻에 알맞은 낱말을 빈칸에 넣어 십자말풀이를 하세요.

(1) 어떤 사물을 다른 것과 구별하는 표시.

(2) 다섯 손가락 가운데 셋째 손가락.

(3) 산과 염기가 반응하여 서로의 성질을 잃음.

(4) 병의 증상이 줄어들거나 누그러짐.

김구는 1876년에 황해도의 가난한 집안에서 태어났습니다. 김구의 어릴 적 이름은 '창암'이었습니다. 성격이 밝아 **또래** 친구들과 잘 어울렸습니다. 또 공부에도 관심이 많아 열심히 공부했으나 과거에 합격하지는 못했습니다.

청년 시절에는 이름을 '창수'로 고치고 동학 농민 운동에 참여하였습니다. 양반과 평민을 차별하지 않고 모두가 평등하게 사는 세상을 만들고 싶었습니다. 하지만 동학 농민 운동은 실패로 돌아갔고, 김구는 도망자 **신세**가 되었습니다. 1895년에는 안중근의 아버지인 안태훈의 집에서 1년 동안 숨어 지내며 도움을 받았습니다. 이후에는 중국의 만주에서 **의병** 활동을 하며 일본에 맞서 싸웠습니다. 이름도 창수에서 '거북이'를 뜻하는 '구(龜)'로 다시 바꿨습니다.

1905년, 우리나라와 일본 사이에 '**을사늑약**'이 체결되자 김구는 사람들과 함께 을사늑약을 반대하는 시위에 참여하였습니다. 1907년에는 '신민회'라는 단체에 가입하였습니다. 신민회는 교육을 통해 인재를 기르고, 해외에서 일본에 대항하기 위한 독립군을 키우던 비밀 단체였습니다. 김구는 신민회 활동 중 일본군에게 붙잡혀 감옥에 갇히기도 하였습니다. 이때 김구는 감옥 안에서 마지막으로 '아홉'을 뜻하는 '구(九)'로 이름을 바꾸었습니다.

김구는 1919년에 일어난 3·1 운동 직후에 중국으로 **망명**하였습니다. 그리고 다른 독립운동가들과 함께 대한민국 임시 정부를 만들었습니다. 1931년에는 일본의 중요한 인물들을 **암살**할 목적으로 '한인 애국단'을 **창설**했습니다. 한인 애국단 소속 이봉창과 윤봉길은 일본 왕을 죽이기 위해 폭탄을 던졌지만 실패했습니다. 하지만 이 두 사람의 **의거**는 우리 민족의 독립 의지를 전 세계에 보여 주는 계기가 되었습니다. 이에 일본은 큰 현상금을 내걸고 김구를 잡으려고 했습니다.

김구는 1940년에 대한민국 임시 정부의 우두머리인 **주석**에 **취임**하였습니다. 그리고 일본과 직접 맞서기 위해 '한국광복군'이란 군대를 만들어 일본에 대한 **선전 포고**를 준비했습니다.

1945년 8월 15일, 일본의 항복으로 우리나라는 **광복**을 맞았지만, 김구는 기뻐하지 않았습니다. 우리의 힘으로 이룬 결과가 아니었고, 광복을 맞는 과정에서 대한민국이 남과 북으로 나뉘었기 때문이었습니다.

광복 후에 대한민국으로 돌아온 김구는 남북이 함께 힘을 합쳐 통일 정부를 세워야 한다고 강하게 주장했습니다. 하지만 결국 남과 북에는 각각 다른 정부가 세워졌습니다. 김구는 끝까지 포기하지 않고 통일 운동을 펼쳤습니다. 그러던 1949년, 군인 안두희가 쏜 총에 맞아 꿈을 이루지 못한 채 세상을 떠나고 말았습니다.

또래 나이나 수준이 서로 비슷한 무리.　**신세** 주로 불행한 일과 관련된 개인의 처지와 형편. 身 몸 신 勢 형편 세　**의병** 외적의 침입을 물리치기 위하여 백성들이 스스로 조직한 군대. 義 옳을 의 兵 병사 병　**을사늑약** 1905년에 일본이 한국의 외교권을 빼앗기 위하여 강제적으로 맺은 조약. 乙 새 을 巳 뱀 사 勒 억누를 늑 約 조약 약　**망명** 정치나 사상, 종교 등의 이유로 자기 나라에서 탄압이나 위협을 받는 사람이 이를 피해 다른 나라로 나감. 亡 달아날 망 命 목숨 명　**암살** 몰래 사람을 죽임. 暗 남몰래 암 殺 죽일 살　**창설** 기구, 단체, 조직 등을 처음으로 설치하거나 설립함. 創 시작할 창 設 세울 설　**의거** 정의를 위하여 개인이나 집단이 의로운 일을 일으킴. 義 옳을 의 擧 행할 거　**주석** 일부 국가에서 국가나 정당 따위의 최고 직위. 또는 그 직위에 있는 사람. 主 우두머리 주 席 자리 석　**취임** 새로운 직무를 수행하기 위하여 맡은 자리에 처음으로 나아감. 就 나아갈 취 任 맡길 임　**선전 포고** 한 나라가 다른 나라에 전쟁을 시작한다는 것을 공식적으로 알리는 일. 宣 밝힐 선 戰 전쟁 전 布 드러낼 포 告 알릴 고　**광복** 빼앗긴 땅과 주권을 다시 찾음. 光 빛 광 復 회복할 복

---

1 김구에 대한 설명으로 <u>틀린</u> 것을 고르세요.

내용
파악

① 1876년에 황해도의 가난한 집안에서 태어났다.

② 어릴 적 이름은 '창암'이었다.

③ 공부에 관심이 많아 열심히 공부하여 과거에 합격하였다.

④ 청년 시절에는 이름을 '창수'로 고치고 동학 농민 운동에 참여하였다.

⑤ 중국의 만주에서 의병 활동을 하였다.

2 다음 중 활동 연도와 김구의 삶이 <u>잘못</u> 짝지어진 것을 고르세요.

내용
파악

① 1905년 - 을사늑약을 반대하는 시위에 참여하였다.

② 1907년 - 신민회에 가입하여 활동했다.

③ 1919년 - 중국으로 망명하여 대한민국 임시 정부를 만들었다.

④ 1931년 - 한인 애국단을 창설했다.

⑤ 1945년 - 대한민국 임시 정부의 주석으로 취임하였다.

3 일본과 직접 맞서기 위해 1940년에 김구가 만든 군대의 이름을 앞 글에서 찾아 쓰세요.

내용
파악

```
┌─────────────────────────────────┐
│                                 │
│                                 │
└─────────────────────────────────┘
```

4 우리나라가 광복을 맞이했음에도 김구가 기뻐하지 않은 까닭을 <u>두 개</u> 고르세요.

내용
파악

① 일본의 왕을 죽이지 못해서.

② 우리의 힘으로 이룬 광복이 아니어서.

③ 일본이 약속을 지키지 않아서.

④ 광복 과정에서 대한민국이 남과 북으로 나뉘어서.

⑤ 우리나라가 광복되는 것을 바라지 않아서.

5 이 글과 어울리지 <u>않는</u> 말을 한 사람을 고르세요.

감상

① 규리: 통일 정부를 세우려는 김구 선생님의 노력이 물거품이 되어서 마음 아팠어.

② 선희: 안태훈의 집에서 숨어 지낼 때 안중근 의사를 만났을지 궁금해졌어.

③ 수연: 나라를 되찾기 위한 이봉창, 윤봉길 선생님의 의거에 나도 모르게 눈물이 났어.

④ 재혁: 광복을 맞이한 뒤에 모든 일을 내려놓고 고향에서 편히 지내는 모습이 보기 좋았어.

⑤ 해준: 통일을 위해 힘쓰는 김구 선생님에게 총을 쏜 안두희라는 사람은 정말 나빠.

6 다음 설명에 해당하는 인물의 이름을 앞 글에서 찾아 쓰세요.

배경
지식

> 1879년에 황해도에서 태어났다. 1905년 을사늑약이 체결되자 삼흥학교를 세워 인재를 기르려
> 고 힘썼다. 이후 일본의 횡포가 심해지자, 중국 연해주로 가서 의병으로 활동하였다. 1909년에 만
> 주 하얼빈역에서 우리나라 침략의 원흉인 이토 히로부미를 총으로 쏴서 죽이고, 일본군에게 잡혀
> 사형을 선고받았다. 그리고 1910년에 감옥에서 순국하였다.
>
> * **횡포**: 제멋대로 굴며 몹시 거칠고 사나움.   * **원흉**: 못된 짓을 한 사람들의 우두머리.
> * **선고**: 법정에서 재판의 판결을 여러 사람에게 널리 드러내어 알림.
> * **순국**: 나라를 위하여 목숨을 바침.

어휘력 기르기

1단계 다음 낱말들의 뜻을 알맞게 이으세요.

(1) 또래　●

(2) 신세　●

(3) 취임　●

●　㉠ 주로 불행한 일과 관련된 개인의 처지와 형편.

●　㉡ 새로운 직무를 수행하기 위하여 맡은 자리에 처음으로 나아감.

●　㉢ 나이나 수준이 서로 비슷한 무리.

2단계 다음 문장의 빈칸에 알맞은 낱말을 위에서 찾아 쓰세요.

(1) 베짱이는 일을 안 하고 놀기만 하더니 거지 [　　　　　] 가 되었다.

(2) 2학기에 새 회장이 [　　　　　] 한 이후로 우리 반 분위기가 더 좋아졌다.

(3) 윤찬이는 우리 [　　　　　] 에서 키가 제일 크다.

3단계 다음 설명을 읽고 밑줄 친 단어의 의미를 찾아 번호를 쓰세요.

> **의거** ┊ ① 정의를 위하여 개인이나 집단이 의로운 일을 일으킴.
> ┊ ② 어떤 사실이나 원리 따위에 근거함.

(1) 1919년 3월 1일, 전 국민이 <u>의거</u>하여 '대한독립 만세'를 외쳤다.　　　(　　　)

(2) 신문에 실린 기사들은 대부분 육하원칙에 <u>의거</u>하여 작성된다.　　　(　　　)

*육하원칙: 기사 등을 쓸 때에 지켜야 하는 기본 원칙. '누가', '언제', '어디서', '무엇을', '어떻게', '왜'의 여섯 가지를 이룬다.

앞부분의 내용: 돌이는 아주 깊은 산속에서 아버지, 누나와 함께 산다. 어머니는 돌이가 세 살 때 세상을 떠났다. 아버지는 새끼를 **배게** 하려고 열 달 전에 암소를 데리고 먼 산골 마을에 다녀왔다. 집 주변에는 아무도 살지 않아, 돌이는 매일 심심하게 지내고 있다. 산에 대고 외쳐 메아리와 놀 뿐이다. 어느 날 밤, 누나는 자려고 누운 돌이에게 갑자기 시집을 가게 되었다고 말했다. 아버지는 **목침**에서 머리를 떨어뜨리고는 한참 숨을 안 쉬었다.

    이튿날, 아침을 먹고 나니까 어떤 ㉠ <u>낯선 남자 둘</u>이 찾아왔다. 하나는 아버지보다 나이가 많은 사람이고, 하나는 눈이 툭 **불거진** 젊은 사나이였다. 나이 많은 사람은 보자기에서 누나에게 입힐 물들인 새 옷과 **비녀**라는 것을 내놓았다. 그리고 ㉡ <u>종이에 싼 것</u>을 펴 주면서 얼굴에 바르라고 하였다.

    누나는 아버지께서 가르쳐 주시는 대로 가루를 얼굴에다 발랐다. 누나의 얼굴은 **보얘서** 보기가 **얄궂었다.** 아버지께서는 누나의 머리를 틀어서 뒤에다가 비녀로 **쪽**을 지어 주셨다.

    감자밥 한 그릇씩을 먹고 나서 두 손님과 아버지, 누나 네 사람은 **재**를 넘어갔다. 누나는 집을 나가면서 울었다. 아무도 울지 마라 하는 사람은 없었다.

    누나가 입은 푸른 저고리와 붉은 치마에서는 무슨 이상한 냄새가 났다. 걸을 때에는 워석워석 소리도 났다.

    "나, 저녁때쯤 되면 돌아올 테니까, 넌 그새 소 몰고 나가서 풀이나 뜯기고 있어라."

    오래간만에 **두루마기**를 입고 같이 나가시는 아버지께서는 돌이를 돌아다보고 말씀하셨다. 그러나 돌이는 대답을 하지 않고 일부러 옆만 돌아보고 있었다. 누나를 가게 내버려 두는 아버지가 ㉢

    [   ].

    네 사람은 서쪽 산 **가풀막진** 비탈길을 올라가고 있었다. 다른 사람은 몰라도 돌이의 눈에는 붉은 치마를 입은 누나만 똑똑하게 보였다. **산마루**에 올라서더니만 사람들의 걸음은 조금 느려진 것 같았다. 누나는 첨으로 고개를 돌려 집을 내려다보았다. 돌이는 눈에서 눈물이 막 쏟아지는 사이, 그만 누나를 놓치고 말았다.

'이야기가 40회로 이어집니다.'

배게 배 속에 아이나 새끼를 가지게. **목침** 나무토막으로 만든 베개. 木 나무 목 枕 베개 침 **불거진** 둥글게 툭 내밀어 나온. **비녀** 여자의 쪽 찐 머리가 풀어지지 않도록 꽂는 장신구. **보얘서** 살갗이나 얼굴이 하얗고 말개서. **얄궂었다** 짓궂어 얄미웠다. **쪽** 결혼한 여자가 뒤통수에 땋아서 틀어 올려 비녀를 꽂은 머리털. **재** 길이 나 있어서 넘어 다닐 수 있는, 높은 산의 고개. **두루마기** 우리나라 고유의 웃옷. 주로 외출할 때 입는다. **가풀막진** 땅바닥이 가파르게 비탈져 있는. **산마루** 산의 가장 높은 곳.

1

내용 파악

다음 중 ㉠ '낯선 남자 둘'이 가져오지 <u>않은</u> 것을 찾으세요.

① 비녀   ② 종이에 싼 가루.

③ 푸른 저고리   ④ 붉은 치마

⑤ 두루마기

2

내용 파악

다음 중 돌이네 식구가 <u>아닌</u> 사람을 고르세요.

① 아버지   ② 누나

③ 돌이   ④ 눈이 툭 불거진 사나이

3

추론

㉡ '종이에 싼 것'은 무엇일까요?

① 감자   ② 돈   ③ 화장품

④ 숯   ⑤ 기름

8주
39회

4

추론

다음 중 누나가 결혼할 것을 알려 주는 물건을 찾으세요.

① 비녀   ② 종이에 싼 가루

③ 재   ④ 비탈길

⑤ 치마

5

돌이네 집이 가난함을 알려 주는 낱말을 고르세요.

① 암소   ② 감자밥   ③ 메아리

④ 목침   ⑤ 두루마기

6

ⓒ에 알맞은 '돌이'의 마음을 고르세요.

① 부끄러워서였다   ② 미워서였다

③ 부러워서였다   ④ 자랑스러워서였다

⑤ 안타까워서였다

7

다음 이름에 알맞은 물건을 찾아 바르게 짝지으세요.

(1) 목침   •

  • ㉠

(2) 비녀   •

  • ㉡

(3) 저고리   •

  • ㉢

(4) 두루마기   •

  • ㉣

1단계   다음 낱말의 뜻을 찾아 선으로 이으세요.

(1) 붉어진   ●

(2) 보얘서   ●

(3) 가풀막진   ●

● ㉠ 땅바닥이 가파르게 비탈져 있는.

● ㉡ 둥글게 툭 내밀어 나온.

● ㉢ 살갗이나 얼굴이 하얗고 말개서.

2단계   위에서 배운 낱말을 빈칸에 넣어 문장을 완성하세요.

(1) 성연이는 얼굴이 [　　　　　] 도시에 사는 아이 같았다.

(2) 다람쥐의 [　　　　　] 볼 안에는 도토리가 가득 담겨 있다.

(3) 아버지는 [　　　　　] 고개도 아무렇지 않은 듯 쉽게 오르셨다.

3단계   다음 뜻을 보고 '마루'가 붙어 이루어진 낱말을 쓰세요.

마루: 지붕이나 산 따위의 꼭대기.

(1) 산의 가장 높은 곳.   [　　　　　]

(2) 고개에서 가장 높은 자리.   [　　　　　]

(3) 재의 맨 꼭대기.   [　　　　　]

가운데 부분의 내용: 돌이는 저녁도 먹지 않고 잤다. 다음 날, 아버지는 **바지게**에 괭이를 담아 나가면서, 소 배가 이상하니 나가지 말고 풀을 뜯어다 먹이라고 하였다. 하지만 돌이는 누나의 냄새가 배어 있는 베개를 꼭 껴안고 울 뿐이었다. 돌이는 소는 그대로 둔 채 누나를 찾아 나섰다. 한번도 가 보지 못한 산길을 걷고 걸었다. 어느덧 걸을 수 없을 만큼 날이 어두워져 돌이는 바닥에 주저앉아 울 수밖에 없었다. 결국 집까지 아버지에게 업혀 왔다. 이튿날, 아버지가 돌이를 깨웠다. 아버지는 소가 새끼를 낳았다며, 돌이에게 "네 동생"이라고 말했다. 돌이는 외양간에 기어 들어가 송아지를 안아 보았다.

"인젠 두고 나와! 너무 가까이 있으면 어미가 안 좋게 생각하니깐."

아버지께서 나오라고 하셨다. 돌이는 그 예쁘장하게 생긴 송아지의 입에다 손을 한 번 대 보고 밖으로 나왔다. 돌이는 밖으로 나와서야 **비로소** 외양간 앞에 등불이 켜져 달려 있고, 앞에 물그릇 놓인 **소반**이 놓여 있는 것을 알았다.

"아버지, 저 ㉠물은 뭐 하는 거지?"

"송아지 잘 크라고 비는 물이야."

인제는 식구 하나가 늘었다.

㉡돌이는 누나가 시집가던 **전날** 밤처럼 날이 새도록 잠을 자지 않았다. 이번에는 무척 좋고 좋아서였다.

아침에 잠깐 잠이 들었다가 나가서 보니, 송아지는 아버지께서 입으시던 헌 저고리를 덮어 입고 외양간 안을 쫓아다니고 있었다. 털이 빨갰다. 돌이는 아버지께서 지어 주신 감자밥을 가지고 가서 송아지한테 먹여 주려고 하였다. 그러나 큰 소는 송아지를 만질까 하여 그러는지 뿔을 가지고 **떠받으려고** 하였다.

돌이는 밥을 먹고 나서, 누나가 넘어가던 산마루로 올라가서 길게 소리를 질렀다.

㉢"내 산아-."

한참 만에 메아리가 "내 산아-." 하고 대답을 해 왔다.

㉣"우리 집엔 새끼 소 한 마리가 났어-." / ㉤"우리 집엔 새끼 소 한 마리가 났어-."

ⓑ "내 동생이야-." / "내 동생이야-."

"허허허-." / "허허허-."

ⓢ "너도 좋니-?" / "너도 좋니-?"

메아리는 저도 반가운지 같이 흉내를 내어 장난하였다.

돌이는 메아리가 누나 있는 곳에도 가서 그대로 ◎ 이 소식을 전해 줄 것이라고 생각하였다.

— 이주홍, 〈메아리〉

바지게 짐을 싣기 위해 소쿠리 모양의 물건을 얹은 지게.　　**비로소** 어느 시간을 기준으로 그 전까지 이루어지지 않던 사건이 이루어지거나 변하기 시작함을 나타내는 말.　　**소반** 자그마한 밥상. 小 작을 소 盤 소반 반　　**전날** 이전의 어느 날. 또는 얼마 전. 前 앞 전　　**떠받으려고** 머리나 뿔로 세게 밀어 부딪치려고.

1

배경
지식

다음은 ⓐ에 대한 설명입니다. ⓐ을 무엇이라고 하나요?

> 이른 새벽에 떠 놓은 우물물이다. 주로 신령에게 가족들의 평안을 정성스럽게 빌 때 쓴다.

① 수돗물　　　　　② 생수　　　　　③ 약수

④ 정화수　　　　　⑤ 정한수

2

내용
파악

ⓛ을 보고, 돌이가 날이 새도록 잠을 자지 않은 까닭을 바르게 연결하세요.

(1) 누나가 시집가기 전날　•　　　　　　　　　　　• ① 기뻐서

(2) 송아지가 태어난 날　•　　　　　　　　　　　• ② 슬퍼서

3

내용
파악

아버지는 소를 매우 소중히 여겼습니다. 다음 중 그 모습이 <u>아닌</u> 것을 찾으세요.

① 평소에는 소를 끌고 나가 풀을 먹이지만, 배가 이상하니 돌이에게 풀을 뜯어다 먹이라고 했다.

② 송아지가 태어나자 잘 크라고 물을 떠 놓고 빌었다.

③ 어미 소의 기분을 생각하여, 송아지를 안고 있는 돌이에게 밖으로 나오라고 했다.

④ 아버지가 입던 헌 저고리를 송아지에게 덮어 주었다.

⑤ 산마루에 올라가 새끼 소가 태어난 사실을 자랑스럽게 외쳤다.

4 ⓒ~ⓢ 가운데 메아리를 찾아 기호를 쓰세요.

내용
파악

5 아버지는 돌이에게 송아지를 '동생'이라고 말했습니다. 왜 그랬을까요?

추론

① 돌이가 암소를 어머니처럼 따라서.　　　　② 누나가 떠나 슬픈 마음을 달래려고.

③ 돌이 어머니가 암소로 다시 태어나서.　　　④ 어머니의 유언을 따르려고.

⑤ 아버지가 수소를 가족처럼 생각했기 때문에.

6 ◎은 어떤 소식일까요?

내용
파악

① 아버지가 송아지를 사 왔다는 소식.　　　② 암소가 죽었다는 소식.

③ 동생이 생겼다는 소식.　　　　　　　　④ 어머니가 동생을 낳았다는 소식.

⑤ 아버지가 암소에게 떠받혔다는 소식.

7 다음 사진 속 물건의 이름을 찾아 쓰세요.

배경
지식

(1)　　　　　　　　　　(2)　　　　　　　　　　(3)

소반　　　바지게　　　괭이

어휘력 기르기

1 단계 **다음 낱말의 뜻을 찾아 선으로 이으세요.**

(1) 외양간 ●　　　　　　　● ㉠ 말이나 소를 기르는 곳.

(2) 비로소 ●　　　　　　　● ㉡ 소리가 산이나 절벽 따위에 부딪쳐 되울려 오는 소리.

(3) 메아리 ●　　　　　　　● ㉢ 어느 시간을 기준으로 그 전까지 이루어지지 않던 사건
이 이루어지거나 변하기 시작함을 나타내는 말.

2 단계 **위에서 배운 낱말을 빈칸에 넣어 문장을 완성하세요.**

(1) 산마루에 올라서야 [　　　　　　] 등산의 보람을 느꼈다.

(2) "누나!" 하고 외치자 산 저쪽에서 "누나!" 하는 [　　　　　　] 가 들려왔다.

(3) "소 잃고 [　　　　　　] 고친다"는 일이 이미 잘못된 뒤에는 손을 써도 소용없다는 뜻의

속담이다.

3 단계 **다음 뜻을 읽고, 밑줄 친 낱말과 같은 뜻을 찾아 그 번호를 쓰세요.**

> ① 배다1: 냄새가 스며들어 오래도록 남아 있다.
>
> ② 배다2: 배 속에 아이나 새끼를 가지다.
>
> ③ 베다1: 누울 때, 베개 따위를 머리 아래에 받치다.
>
> ④ 베다2: 날이 있는 도구로 무엇을 끊거나 자르거나 가르다.

(1) 돌이는 누나의 냄새가 배어 있는 베개를 꼭 안고 있었다.　　　　　　(　　　)

(2) 어머니는 새끼를 밴 암소에게만 특별한 먹이를 주셨다.　　　　　　(　　　)

(3) 농부들은 낫을 들고 벼를 베었다.　　　　　　(　　　)

(4) 아버지는 목침을 베고 주무셨다.　　　　　　(　　　)

● 5단계 사진 및 광고 출처

쪽수	사진	출처
30	장구	국립국악원
30	징, 자바라	국립민속박물관
30	태평소	국립국악원
72	합천 해인사 대장경판	문화재청
78	(1) Mona Lisa	Leonardo di ser Piero da Vinci, 한국저작권위원회
	(2) 암굴의 성모	한국저작권위원회
	(3) The Last Supper	Leonardo di ser Piero da Vinci, 한국저작권위원회
114	논산 평야	한국민족문화대백과사전

독해력 비타민

기초편

40회로
완성하는
독해력

초등국어
5단계

정답과 해설

1회 윷놀이 방법   8쪽

1. ③

2. 석동사니

3. ③

4. (1) 돼지

   (2) 양

   (3) 말

5. ②

6. ⑤

7. ①

어휘력 기르기

1단계 (1) ㉢, (2) ㉣, (3) ㉠

2단계 (1) 밭, (2) 동, (3) 낙

3단계 (1) 쓰다(쓴다, 썼다)

2. '한, 두, 석, 넉' 등은 수량을 나타내는 말이다.
   예 한 달, 두 달, 석 달, 넉 달

6. ② 화성: 태양에서 넷째로 가까운 행성.
   ③ 혜성: 가스 상태의 빛나는 긴 꼬리를 끌고, 태양을 중심으로 긴 타원이나 포물선에 가까운 궤도를 그리며 운행하는 천체.
   ④ 북두칠성: 큰곰자리에서 국자 모양을 이루며 가장 뚜렷하게 보이는 별 일곱 개.

2회 모기   12쪽

1. (1) 익충

   (2) 해

2. ③

3. ④

4. ⑤

5. ②

6. ③

어휘력 기르기

1단계 (1) ㉠, (2) ㉢, (3) ㉡

2단계 (1) 발병, (2) 백신, (3) 접종

3단계 (1) 흉통, (2) 전통, (3) 전염, (4) 뇌염

2. ① 일본 뇌염에 감염되어도 대부분 증상이 나타나지 않는다. 증상이 나타난 환자 가운데 30% 정도가 목숨을 잃는다.

3. ④ 독감은 주로 공기를 통해 호흡기로 감염된다.

4. ⑤ 저체온증: 체온이 정상보다 낮은 증상.

5. ② 모기는 후각이 발달하여 땀 냄새로 목표물을 찾는다. 따라서 땀을 흘렸다면 말리지 말고 깨끗이 씻는 것이 좋다.

1. ⑤
2. ④
3. 영부인
4. ③
5. ①
6. ②

어휘력 기르기

1단계 (1) ㉡, (2) ㉢, (3) ㉠,

2단계 (1) 가옥, (2) 만찬, (3) 귀빈

3단계 (1) 기와집, (2) 집무실, (3) 접견실

4. ③ 청와대는 '파란 기와가 있는 건물'이라는 뜻이다.

5. ① 실제로, 경복궁의 북문인 신무문에서 북쪽으로 가까운 거리에 청와대 정문이 있다.
   ② 이 글의 내용만으로는 짐작할 수 없다. 다만, 글쓴이는 건조대와 빨랫줄을 보고 친근함을 느꼈다. 대통령 부부가 직접 옷 등을 빨아서 널었을 것이라고 생각하고 있다.
   ③ 대통령이 일하는 곳은 집무실이다.
   ④ 글쓴이가 처음 본 건물, 영빈관은 서양식 건물이다.
   ⑤ 영부인도 개인의 업무가 있어 집무실이 있을 뿐, 대통령의 업무를 나누어 하지 않는다.

6. ① 여정, 견문
   ② 감상
   ③ 여정
   ④ 여정, 견문
   ⑤ 견문

1. ④
2. ②
3. 고양이 발자국
4. ③
5. ⑤
6. ①
7. ②

어휘력 기르기

1단계 (1) ㉡, (2) ㉢, (3) ㉠

2단계 (1) 시멘트, (2) 발자국, (3) 하수도

3단계 (1) ①, (2) ②

1. ④ 희곡에 대한 설명이다.

2. ④ 시멘트를 밟은 것은 고양이다.

4. ③ 4연의 '밟지 말랬는데'를 읽고 짐작할 수 있다.

5. ① 고양이가 마르지 않은 시멘트를 밟아 꽃 모양을 남겨 귀엽게 느낄 수 있다.
   ② ③ 아저씨가 말끔하게 마무리해 놓은 공사를 고양이가 망치는 모습이 얄밉거나 괘씸하다고 느낄 수 있다.
   ④ 고양이의 행동을 보면서 공사가 엉망이 되어 안타까움을 느낄 수 있다.

7. ② 〈고양이 발자국〉에서는 고양이의 모습을, 〈송아지 낮잠〉에서는 송아지의 모습을 재미있게 표현하였다.
   ③ 〈고양이 발자국〉에서는 반복되는 표현을 찾을 수 없지만 〈송아지 낮잠〉에는 반복되는 표현이 많다.

④ 〈고양이 발자국〉에는 모양을 나타내는 말이 쓰이지 않았다.

⑤ 〈송아지 낮잠〉에는 질문이 나타나지 않았다.

---

1. 원숭이, 오소리

2. ①

3. ⑤

4. ③

5. ④

6. ②

어휘력 기르기

1단계 (1) ㉢, (2) ㉠, (3) ㉡

2단계 (1) 존중, (2) 울컥, (3) 분한

3단계 (1) 맨밥, (2) 맨손, (3) 맨눈

---

2. ① 공짜 → 잣 다섯 개 → 잣 열 개 → 잣 스무 개 → 잣 백 개 → 잣 오백 개(네 켤레)

   위와 같이 꽃신의 가격은 계속 올랐다.

   원숭이에게 잣 오백 개가 없어서 삼백 개만 주긴 했지만, 그 대신에 오소리의 집을 청소하고, 오소리가 개울을 건널 때에 업어 주어야 했다. 그러므로 꽃신의 가격은 잣 백 개에서 더 올랐다고 보아야 한다.

5. ④ 처음에 꽃신을 주어 원숭이를 돕는 듯했지만 그런 행동도 사실은 원숭이의 잣을 뺏기 위한 수단이었다.

6. ① 원숭이는 신을 신지 않고도 잘 걸어다녔는데 오소리의 꾀에 넘어가 잣도 주고 오소리의 종처럼 지내게 되었다. 이런 점에서 분함과 억울함을 느꼈을 수 있다.

6회　대취타　28쪽

1. ①
2. (1) ○
　(2) ○
　(3) ×
　(4) ×
　(5) ○
3. ③
4. ⑤
5. ④
6. ③
7. (1) 징
　(2) 자바라
　(3) 태평소

어휘력 기르기

1단계 (1) ©, (2) ⓛ, (3) ㉠
2단계 (1) 행차, (2) 선율, (3) 놋쇠
3단계 (1) 대취타, (2) 타악기, (3) 취악기, (4) 취구

2. (3) 태평소에는 나무관 앞에 7개, 뒤에 1개 구멍이
　뚫려 있다.
　(4) 나발은 취악기다.

3. ③ 북, 장구, 징, 자바라는 모두 타악기지만 태평소
　는 취악기다.

4. ⑤ 나발, 징, 자바라는 몸통을 놋쇠로 만든다. 태평
　소는 동팔랑 부분을 놋쇠로 만든다.

7회　조선의 신분 제도　32쪽

1. 신분
2. ⑤
3. ③
4. ④
5. ④
6. 천민

어휘력 기르기

1단계 (1) ⓛ, (2) ©, (3) ㉠
2단계 (1) 신분, (2) 군역, (3) 자질
3단계 (1) ①, (2) ②

2. ⑤ 과거를 볼 수 있는 자격은 상민까지도 있었다.
　하지만 현실의 한계 때문에 과거를 보는 사람은 많
　지 않았다.

3. ③ 조선 말기에는 돈으로 신분을 사고팔기도 했지
　만, 노비가 열심히 공부해서 양반이 되는 경우는
　아주 드물었다.

5. ④ 신라 골품 제도에서는, 두품의 숫자가 클수록
　신분이 높았다. 따라서 1두품은 평민 중에서도 가
　장 신분이 낮았다.
　조선의 신분제에서, 중인은 양반 바로 아래의 신분
　이었다. 게다가 1두품과는 달리 관리가 될 수 있었
　다. 그러므로 중인이 1두품보다 신분이 낮다고 할
　수 없다.

8회 일기 예보

1. ②

2. ④

3. ④

4. ③

5. ⑤

6. ①

7. ②

어휘력 기르기

1단계 (1) ⓒ, (2) ⓛ, (3) ⓖ

2단계 (1) 유입, (2) 발효, (3) 조치

3단계 (1) 한파, (2) 동파, (3) 동감, (4) 체감

1. ② 이 글은 일기를 예보하는 기사문이다.

2. 충청과 전라 지역에 눈이 많이 내릴 것이라는 내용을 통해 짐작할 수 있다.

7. 일기 예보에 적힌 내용 가운데, '건조한 날씨가 지속되고 있다', '내일은 바람이 강하게 분다' 하는 내용을 통해 짐작할 수 있다.

9회 물새알 산새알

1. (1) 바닷가 모래밭

   (2) 수풀 둥지 안

2. ④

3. ③

4. ④

5. ①

6. ⑤

7. (1) 시각

   (2) 미각

   (3) 후각

어휘력 기르기

1단계 (1) ⓒ, (2) ⓛ, (3) ⓖ

2단계 (1) 알락알락, (2) 짭조름한, (3) 보얗게

3단계 (1) 빗소리, (2) 콧물, (3) 나뭇잎

3. ③ 시에서 어떤 낱말이나 표현이 반복되면 리듬감이 느껴진다.

5. ① 시에서 말하는 이를 '시적 화자'라고 한다. 말하는 이, 즉 시적 화자가 직접 드러난다는 말은 '나'라는 사람이 등장한다는 말과 같다.

   예 나는 물새알과 산새알을 발견했다.

   ④ 머리 위쪽이나 뒤쪽이 빨간 것을 '댕기를 드린'이라고 표현하였다.

10회 능텅 감투 44쪽

1. 능텅 감투
2. ⓒ
3. ①
4. ④
5. ②
6. (1) 발단 — ⓒ
   (2) 전개 — ㄱ
   (3) 위기 — ⓒ
   (4) 절정 — ⓒ
   (5) 결말 — ⓐ

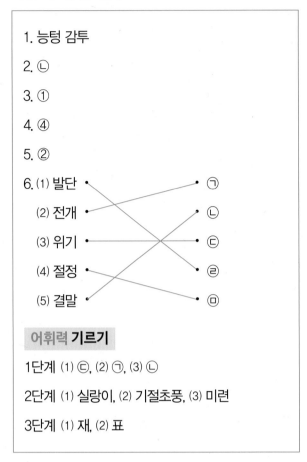

어휘력 기르기

1단계 (1) ⓒ, (2) ㄱ, (3) ⓒ

2단계 (1) 실랑이, (2) 기절초풍, (3) 미련

3단계 (1) 재, (2) 표

2. ⓒ은 김 서방이 베고 자던 무덤 속 귀신이다.

5. ② 귀신들에게 돌려주지 않은 채 감투를 들고 도망 치는 모습, 감투의 재를 바르고 제사 음식을 훔쳐 먹으러 가는 모습을 통해 짐작할 수 있다.

3주차

11회 낱말의 짜임 48쪽

1. ⑤
2. 서술어
3. ②
4. ⑤
5. ④
6. (1) 손수건 — ㄱ 합성어
   (2) 헛수고 — ㄴ 파생어
   (3) 잠꾸러기 —
   (4) 봄비 —
7. (1) 단일어
   (2) 돌다리
   (3) 낚시
   (4) (-)꾼

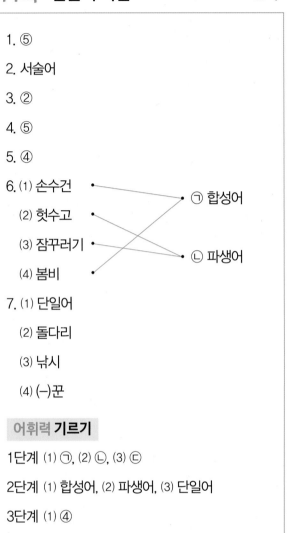

어휘력 기르기

1단계 (1) ㄱ, (2) ⓒ, (3) ⓒ

2단계 (1) 합성어, (2) 파생어, (3) 단일어

3단계 (1) ④

※ 낱말은 '홀로 쓰일 수 있는 말'이다. 하지만 낱말 가운데 홀로 쓰일 수 없는 말도 있다. 조사(이, 가, 께 서, 을, 를, 에서, 로, 은, 는 등)는 홀로 쓰일 수 없는 낱말이다.

1. ① 논설문, ② 기행문, ③ 기사문, ④ 전기문

2. 서술어: 한 문장에서 주어(문장의 주체)의 움직임, 상태, 성질 등을 나타내는 말.

5. ④ 김 + 밥 → 김밥

6. (1) 손 + 수건 → 손수건(합성어)

(2) 헛-(접두사) + 수고 → 헛수고(파생어)

(3) 잠 + -꾸러기(접미사) → 잠꾸러기(파생어)

(4) 봄 + 비 → 봄비(합성어)

홀로 쓰일 수 없는 말에는 줄표(-)가 붙는다. 줄표 쪽의 말에 붙어야만 낱말을 이룰 수 있다.

1. ⑤

2. ④

3. ③

4. (1) 햇빛

　(2) 물

5. (1) •　　　　• ㄱ

　(2) •　　　　• ㄴ

　(3) •　　　　• ㄷ

　(4) •　　　　• ㄹ

6. 증산

7. ①

어휘력 기르기

1단계 (1) ㄷ, (2) ㄴ, (3) ㄱ

2단계 (1) 수분, (2) 지탱, (3) 생식

3단계 (1) 저장, (2) 내장, (3) 내피, (4) 표피

2. ④ 물관으로는 뿌리에서 받아들인 물과 영양분이 이동한다.

5. (3) 줄기 안에는 물과 영양분의 이동 통로인 관다발이 있다. 관다발의 물관부와 체관부를 통해서 물과 영양분이 잎과 뿌리로 이동한다.

7. ① 식물은 광합성을 하여 영양분을 만들어 살아간다. 햇빛이 잘 들던 곳에서 햇빛이 들지 않는 방으로 식물을 옮기면, 식물이 광합성을 제대로 하지 못한다.

13회 인터넷 사용 예절을 지키자 56쪽

1. ②
2. ⑤
3. ①
4. ⑤
5. ③
6. ④
7. ②

어휘력 기르기

1단계 (1) ㉠, (2) ㉢, (3) ㉡

2단계 (1) 폐해, (2) 유출, (3) 출처

3단계 (1) 허위, (2) 침해, (3) 저작권

3. ① 익명성: 어떤 행위를 한 사람이 누구인지 드러나지 않는 특성.

　② 고유성: 어떤 사물이 가지고 있는 특유의 속성.

　③ 실용성: 실제로 쓸모가 있는 특성.

　④ 보안성: 안전을 유지하는 성질.

　⑤ 양면성: 한 가지 사물에 있는, 반대의 두 가지 성질.

5. ① 자유권: 자유를 제한받지 않는 권리.

　② 평등권: 차별받지 않는 권리.

　④ 참정권: 국민이 정치에 참여하는 권리.

　⑤ 사회권: 국민이 인간다운 생활을 위해 필요한 사회 보장을 국가에 요구할 수 있는 권리.

7. 이 글에서는 인터넷 예절을 잘 알고 실천하자고 주장하고 있다. 그 구체적인 방법으로, 상대에게 불쾌감을 주는 말 삼가기, 저작권 침해하지 않기, 사생활과 개인 정보 보호하기를 말했다.

14회 해바라기 씨 60쪽

1. ④
2. ①
3. 5
4. ③
5. ③
6. ②
7. ⑤
8. ④

어휘력 기르기

1단계 (1) ㉡, (2) ㉠

2단계 (1) 다지고, (2) 엿보러

3단계 (1) 먹지 않는다, (2) 오지 않는다,

　　　(3) 읽지 않았다

2. ① 말하는 이는 참새가 해바라기 씨를 먹을까 봐 걱정하고 있다. 그래서 해바라기 씨를 담 모퉁이에 숨겨 심었다. 누나, 바둑이, 고양이가 해바라기 씨 심은 곳을 잘 다지고 나서, 이슬이 내리고 햇빛이 잘 비추면 해바라기가 잘 자랄 것이라고 말하는 이는 기대하고 있다.

4. ① 1연에서는 '해바라기 씨를 심자'를, 2연에서는 '다지고, 다지고, 다진다'를, 3연과 4연에서는 '자고 나면, 자고 가고, 맞추고 가고'를 반복하였다.

　③ 감탄하는 말은 6연에만 쓰였다.

　④ 5연에서 '해바라기는 첫 시악시인데'라고 비유하였다.

6. ② 참새는 꽃의 꿀, 곤충, 곡식, 씨앗 등을 먹는 잡식성 동물이다.

7. ②, ④ 직유법 – 성질이나 모양이 비슷한 두 사물을 직접 비유하는 표현법.

③ 의태법 – 사물의 모양이나 태도를 흉내 내어 표현하는 비유법.

⑤ 나뭇가지나 나뭇잎이 흔들리는 모습을 사람처럼 손을 흔든다고 표현하였다.

1. ②

2. ③

3. ④

4. (쌍둥이) 삼 형제

5. ⑤ → ① → ④ → ③ → ②

6. ⑤

어휘력 기르기

1단계 (1) ㉠, (2) ㉢, (3) ㉡

2단계 (1) 칠흑, (2) 광풍, (3) 궁리

3단계 (1) ②, (2) ①

3. ④ 암룡은 막내가 쏜 화살을 맞고 죽었다.

16회 공정 무역

1. ②

2. ③

3. ①

4. ⑤

5. ④

6. ②

7. ③

어휘력 기르기

1단계 (1) ㉡, (2) ㉢, (3) ㉠

2단계 (1) 난민, (2) 유통, (3) 자립

3단계 (1) 헐값, (2) 수입, (3) 정당한

4. ⑤ 쓰레기를 땅에 묻으면 땅과 지하수가 오염될 수 있다.

17회 팔만대장경

1. ⑤

2. 고려 대장경, 재조대장경

3. ③

4. (1) [가] •   • ㉠ 팔만대장경판의 제작 과정

   (2) [나] •   • ㉡ 장경판전의 구조

   (3) [다] •   • ㉢ 팔만대장경의 뜻

   (4) [라] •   • ㉣ 팔만대장경판의 우수성

   (5) [마] •   • ㉤ 팔만대장경을 만든 까닭

5. ④

6. ④

어휘력 기르기

1단계 (1) ㉠, (2) ㉢, (3) ㉡

2단계 (1) 경전, (2) 계율, (3) 목판

3단계 (1) 간행, (2) 재해, (3) 옻칠

5. ④ 제시된 글은 팔만대장경판에 글자를 새기는 과정, 즉 팔만대장경판 제작 과정을 설명하고 있다. 팔만대장경판을 만드는 순서는 대략 다음과 같다.

㉠ 경판으로 쓸 나무를 골라서 다듬는다.

㉡ 종이에 경전 내용을 써서 목판에 붙인 후에 글자를 새긴다.

㉢ 목판에 글자가 제대로 새겨졌는지 알아보기 위해 먹을 묻혀 찍는다.

㉣ 잘못된 글자는 도려내고 올바로 새겨 넣는다.

㉤ 글자를 모두 새긴 경판은 옻칠을 한다.

18회 레오나르도 다빈치 76쪽

1. ③

2. (1) 피렌체

　(2) 밀라노

　(3) 화가

　(4) 프랑스

3. ②

4. (1) 모나리자

　(2) 암굴의 성모

　(3) 최후의 만찬

5. ②

어휘력 기르기

1단계 (1) ㉡, (2) ㉢, (3) ㉠

2단계 (1) 명작, (2) 수석, (3) 두각

3단계 (1) 공작, (2) 부인

5. ① 바로크: 16세기 말부터 18세기 중엽에 걸쳐 유럽에서 유행한 예술 양식.

③ 모더니즘: 사상, 형식, 문체 따위가 전통적인 틀에서 급진적으로 벗어나려는 창작 태도.

④ 선사: 역사 이전. 선사 시대는 역사 기록이 남아 있지 않은, 석기 시대와 청동기 시대를 이른다.

⑤ 중세: 시대 구분의 하나로, 고대에 이어 근대에 앞선 시기. 서양에서는 보통 5세기부터 15세기를 이른다.

19회 버선본 80쪽

1. ③

2. ③

3. ④

4. ⑤

5. ⑤

6. ①

7. 버선

어휘력 기르기

1단계 (1) ㉡, (2) ㉠, (3) ㉢

2단계 (1) 몽당연필, (2) 버선본, (3) 습자지

3단계 (1) ③, (2) ①, (3) ②

2.5. 시 속의 어머니는 누나와 내가 버린 물건을 재활용하는 검소한 모습을 보이고 있다. 버려진 습자지로 버선본을 만들고, 몽당연필로는 천에 버선본을 대고 점을 찍었다.

1. 자전거

2. ①

3. ③

4. ⑤

5. ③

6. (1) 철봉, (2) 파출소

어휘력 기르기

1단계 (1) ⓛ, (2) ㉠, (3) ㉢

2단계 (1) 파출소, (2) 기세, (3) 안장

3단계 (1) ②

3. 동화나 소설에서 인물의 성격을 알려 주는 두 방법이 있다. 작가가 인물의 성격을 직접 설명하는 방법(직접 묘사)과 인물의 행동과 대화 내용 등을 통해 간접적으로 설명하는 방법(간접 묘사)이다. 〈자전거 도둑〉에서는 간접 묘사가 주로 쓰였다.

① 민우 아버지는 민우가 자전거를 잃어버릴까 봐 안장 뒤에 민우 이름의 영문 머리글자를 써 놓을 정도로 꼼꼼한 사람이다. 또 안장 뒤에 작게 쓴 영문 머리글자까지 찾아내며 꼼꼼하게 자전거를 살피는 모습에서도 민우 아버지의 성격을 알 수 있다.

② 자전거를 훔친 범인이 어린이일지라도 봐주지 않는 민우 아버지의 엄격한 성격을 보여 주고 있다.

4. ⑤ 자신이 자전거를 훔친 사실이 밝혀져 영래는 겁도 나고 민우에게 미안했을 것이다. 게다가 민우가 자신을 위해 거짓말을 해 주었으니 미안한 마음은 훨씬 커졌을 것이다.

1. ②

2. (1) 음

   (2) 양

   (3) 음

   (4) 양

3. (1) X

   (2) ○

   (3) X

   (4) ○

   (5) ○

4. ③

5. ②

6. 떡살

어휘력 기르기

1단계 (1) ㉢, (2) ㉠, (3) ⓛ

2단계 (1) 재질, (2) 대조, (3) 유성

3단계 (1) ③, (2) ②, (3) ①

3. (4) 평판화, (5) 모노타이프

5. ② 판화의 판을 종이나 천에 찍으면 좌우가 바뀐다. 따라서 나타내려고 하는 그림이 있다면 판에는 좌우를 반대로 새겨야 한다.

22회 우리나라에 영향을 주는 기단 92쪽

1. ②

2. (1) 양쯔강 기단

   (2) 낮음

   (3) 높음

   (4) 겨울

3. 오호츠크해

4. ①

5. ⑤

6. ④

7. (1) • ⊙ 양쯔강 기단

   (2) • ⓒ 오호츠크해 기단

   (3) • ⓒ 북태평양 기단

   (4) • ② 시베리아 기단

어휘력 기르기

1단계 (1) ⊙, (2) ⓒ, (3) ⓒ

2단계 (1) 기승, (2) 혹한, (3) 대륙

3단계 (1) 위도, (2) 경도

---

4. ① 장마: 여름철에 여러 날 동안 계속해서 비가 내리는 현상이나 날씨.

② 홍수: 비가 많이 와서 강이나 개천에 갑자기 크게 불은 물.

③ 가뭄: 오랫동안 계속하여 비가 내리지 않아 메마른 날씨.

④ 태풍: 북태평양에서 발생하여 아시아 대륙 동부로 불어오는, 폭풍우를 동반한 열대 저기압.

⑤ 해일: 해저의 지각 변동이나 해상의 기상 변화에 의하여 갑자기 바닷물이 크게 일어서 육지로 넘쳐 들어오는 현상.

---

6. ④ 우리나라는 지구의 북반구에 있다. 북반구에서는 남쪽으로 갈수록 따뜻해지고, 북쪽으로 갈수록 추워진다. 하지만 남반구에서는 그 반대다.

23회 조선 건국 토론 96쪽

1. (1) 삼봉

   (2) 포은

2. ⑤

3. ②

4. ①

5. ③

6. (1) 급진

   (2) 온건

7. ④

어휘력 기르기

1단계 (1) ㉡, (2) ㉢, (3) ㉠

2단계 (1) 녹, (2) 호, (3) 덕

3단계 (1) 왜구, (2) 오랑캐

3. ① 이방원(태종)의 하여가.

'고려면 어떻고 다른 나라면 어떤가, 좋은 나라에서 오랫동안 편히 살아 보자.'라는 내용을 담고 있다.

② 정몽주의 단심가.

'내가 죽고 죽어도 고려를 버릴 수는 없다.'라는 내용을 담고 있다.

7. ① 왕건: 고려의 제1대 왕.

② 서희: 고려 초기의 관리.

③ 강감찬: 고려 초기의 장수.

⑤ 최영: 고려 말기의 장수. 이성계가 죽였다.

24회 염소 탓 100쪽

1. ①

2. ③ 연 11 행

3. ②

4. ④

5. ⑤

6. ③

7. ④

8. 바둑이

어휘력 기르기

1단계 (1) ㉠, (2) ㉢, (3) ㉡

2단계 (1) 척, (2) 터, (3) 탓

3단계 (1) 자루, 개, (2) 것, 척

5. ⑤ 할아버지가 할머니와 다투고 나와서 집에 들어가기 쑥스러운 상황이다. 하지만 염소 때문에라도 집에 들어가 화해할 기회가 생겼다.

6. ③ 2연의 '할아버지는 못 이긴 척 이끌려 갑니다.'를 통해 짐작할 수 있다.

8. 할아버지는 집에 들어가 할머니와 화해하고 싶지만 멋쩍어서 쉽게 들어가지 못하고 있다. 그것을 도와주는 것이 '염소'다. 〈눈싸움〉에서, 눈싸움으로 멋쩍어진 친구 사이를 화해하게 하는 것은 '바둑이'다. '바둑이는 바쁘게 화해 붙이고'를 통해 알 수 있다.

25회 무영탑 전설 104쪽

1. 무영탑
2. (1) 김대성
   (2) 스님
3. ④
4. ④ → ③ → ① → ⑤ → ②
5. ①
6. ⑤

어휘력 기르기

1단계 (1) ㉡, (2) ㉢, (3) ㉠

2단계 (1) 석불, (2) 석공, (3) 석탑

3단계 (1) ①, (2) ②

5. '구체적 증거'란 이야기 속에 나오는 사물이 현재까지 남아 있는 것을 말한다. 본문의 마지막 문단을 통해 알 수 있다.

6주차

26회 병자호란 108쪽

1. 병자호란
2. 광해군
3. ①
4. ③ → ② → ④ → ①
5. ③
6. 임진왜란
7. ④

어휘력 기르기

1단계 (1) ㉡, (2) ㉠, (3) ㉢

2단계 (1) 굴욕, (2) 피란 , (3) 중립

3단계 (1) 현상금, (2) 배상금

※ 서울 송파구 잠실동에 삼전도비가 남아 있다. '삼전도비'란 병자호란 때 조선이 청나라에 패배하여 강화 협정을 맺은 뒤, 청 태종의 요구로 1639년에 세운 비석이다.

5. ③ 인조는 남한산성에 들어간 지 45일 만에 청에 항복했다.

7. ④ [라] 조선의 항복과 삼전도의 굴욕.

어휘력 기르기

1단계 피난: 재난을 피하여 멀리 옮겨 감.
       피란: 난리를 피하여 옮겨 감.

27회 우리나라 지형의 특징 112쪽

1. ④

2. 동고서저

3. ①

4. ②

5. 동해안

6. 주상 절리

7. ③

어휘력 기르기

1단계 (1) ©, (2) ©, (3) ㉠

2단계 (1) 분출, (2) 해안선, (3) 하류

3단계 (1) 퇴적, (2) 침식

28회 찌아찌아족 한글 사용 116쪽

1. ③

2. (1) ○

   (2) ✕

   (3) ✕

   (4) ○

3. 표음 문자

4. ⑤

5. ②

6. ④

어휘력 기르기

1단계 (1) ©, (2) ㉠, (3) ©

2단계 (1) 현지어, (2) 도입, (3) 표기

3단계 (1) 고유어 •   • ㉠

   (2) 외래어 •   • ©

   (3) 외국어 •   • ©

6. ④ 말과 글은 다르다. 찌아찌아족이나 아이마라족
   등은 표기 문자로 한글을 사용하는 것이지, 우리말
   을 사용하지는 않는다.

1. ①

2. ⑤

3. ②

4. ③

5. 4연

6. ⑤

7. ③

8. ④

어휘력 기르기

1단계 (1) ㉠, (2) ㉢, (3) ㉡

2단계 (1) 꿈, (2) 벗, (3) 넋

3단계 (1) 구지, (2) 바치

2. ⑤ 이 시의 겉으로 드러난 주제는 '해바라기처럼 해를 보고 살자'다. 여기서 '해'는 '자신이 이루고 싶은 꿈'이므로, 주제를 '꿈을 이루기 위해 노력하자'라고 할 수 있다.

5. 4연에는 아무리 힘든 상황이 닥쳐도 꿈을 이루려고 노력하자는 내용이 담겨 있다.

6. 7. 3연 – 꿈을 이루지 못하더라도 이루려고 하는 열정은 불타오른다.

8. 4연 – 힘든 상황이 닥치더라도 꿈을 이루기 위해 열심히 노력하겠다.

어휘력 기르기

3단계 모음 'ㅣ'를 만난다는 말은 표기상으로는 '이'를 만난다는 뜻이다. '이'의 'ㅇ'은 음가(발음 기관에서 생기는 소리)가 없기 때문이다.
제시된 글에서는 구개음화를 설명하였다.

1. ③

2. ⑤

3. ④

4. ②

5. ⑤

6. ③

어휘력 기르기

1단계 (1) ㉢, (2) ㉠, (3) ㉡

2단계 (1) 골격, (2) 속내, (3) 후환

3단계 (1) 천재, (2) 천제, (3) 천체

3. ④ 우여곡절과 천신만고가 비슷한말은 아니지만 이야기의 내용상 바꾸어 쓸 수 있다.

4. ② 주몽은 자신에게 위험한 순간이 생길 것을 알아 도망칠 준비를 했다.

6. ③ 대소가 주몽을 시기하여 벌어진 일이므로 주몽이 대소에게 잘했어야 했다는 말은 어울리지 않는다.

31회 호흡 기관

128쪽

1. ②

2. ⑤

3. ①

4. ④

5. ③

6. ②

어휘력 기르기

1단계 (1) ⓛ, (2) ㉠, (3) ㉢

2단계 (1) 섬모, (2) 분비, (3) 점액

3단계 (1) 수축, (2) 불필요한

2. ①, ②, ③, ④의 '기관(器官)'은 '일정한 모양과 기능을 가지고 있는 생물체의 부분'이다. ⑤의 '기관(氣管)'은 '코나 입에서 들이마신 공기가 폐로 전해지는 길'이다.

6. ② 폐포는 포도송이처럼 생겼다. 그 밖에는 모세혈관이 둘러싸고 있다. 그곳에서 공기의 교환이 일어난다.
   ① 심장

32회 문장의 호응

132쪽

1. ③

2. ②

3. ③

4. ④

5. ④

6. ⑤

7. 어머니에게 → 어머니께, 준다 → 드렸다

어휘력 기르기

1단계 (1) ⓛ, (2) ㉠, (3) ㉢

2단계 (1) 호응, (2) 주체, (3) 요소

3단계 (1) 결코, (2) 비록, (3) 차라리

2. ② 체언(명사, 대명사, 수사) 뒤에 조사 '이/가'가 붙은 부분이 모두 주어가 되는 것은 아니다. '되다'나 '아니다' 앞에 '이/가'가 붙은 부분은 '보어'다.
   보어: 주어와 서술어만으로는 뜻이 완전하지 못한 문장에서, 뜻을 완전하게 하는 말.
   예 그 꼬마는 커서 훌륭한 <u>과학자가</u> 되었다.

3. 다음과 같이 적어야 문장이 자연스러워진다.
   ① 나무에 꽃이 <u>피었다</u>.
   ② 토끼가 <u>뛰어다니고</u> 새가 날아다닌다.
   ④ 온종일 아무것도 안 먹었더니 목이 <u>마르고</u> 배가 고프다.
   ⑤ 형은 나보다 키가 <u>크고</u> 몸무게도 더 무겁다.

4. 다음과 같이 적어야 문장이 자연스러워진다.
   ④ 민하는 어제 할머니 댁에 <u>갔다</u>.

5. 다음과 같이 적어야 문장이 자연스러워진다.
   ④ 할머니께서 내일 오전 열 시에 우리 집에 <u>오실 것이다</u>.

6. '별로, 전혀, 결코, 도무지, 아무리, 여간, 도저히, 그다지' 등은 뒤에 부정의 뜻을 지닌 말과 어울려 쓰인다.

따라서 다음과 같이 적어야 문장이 자연스러워진다.

① 주찬이는 딸기를 별로 안 좋아한다.

② 내 동생은 전혀 내 말을 이해하지 못한다.

③ 진원이는 결코 거짓말을 할 사람이 아니다.

④ 선생님의 말씀이 도무지 이해가 안 된다.

7. 어머니는 높여야 할 대상이므로 '에게' 대신 '께'를 써야 한다. 같은 이유로, '주다' 대신 '드리다'를 쓴다. 그런데 앞에 '아까'가 쓰였으므로 '드리다'를 과거형으로 나타내야 한다. 따라서 '준다' 자리에 '드렸다'를 적어야 한다.

어휘력 기르기

3단계 차라리: 여러 가지 사실을 말할 때에, 저리하는 것보다 이리하는 것이 나음을 이르는 말. 대비되는 두 사실이 모두 마땅치 않을 때 상대적으로 나음을 나타낸다.

비록: 아무리 그러하더라도.

결코: 어떤 경우에도 절대로.

1. ④

2. ③

3. 국가 브랜드

4. ③

5. ②

6. ⑤

7. ①

어휘력 기르기

1단계 (1) ㉠, (2) ㉢, (3) ㉡

2단계 (1) 우위, (2) 매매, (3) 개척

3단계 (1) ②, (2) ①

4. ① 태양광 충전기는 스마트폰 같은 기기를 친환경적으로 충전할 수 있는 장치다.

② 플라스틱 칫솔은 버려지면 환경을 오염한다. 하지만 대나무를 이용한 칫솔은 쉽게 분해되는 친환경 제품이다.

④ 비누에 쓰이는 여러 화학 성분 대신 옥수수 전분을 사용한 제품이다.

⑤ 화석 연료를 사용하지 않고, 수소로 전기를 만들어 달리는 자동차다.

7. ① 농약을 많이 사용하는 것은 친환경 제품을 개발해야 한다는 본문의 내용과 어긋난다. 국가 경쟁력을 키우는 방법이 아니다.

34회 훈민가

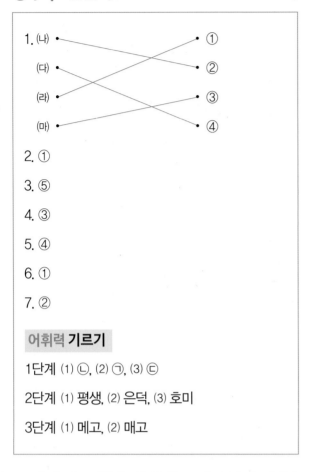

1. (나) ━━━ ①
   (다) ━━━ ②
   (라) ━━━ ③
   (마) ━━━ ④

2. ①

3. ⑤

4. ③

5. ④

6. ①

7. ②

어휘력 기르기

1단계 (1) ⓛ, (2) ㉠, (3) ㉢

2단계 (1) 평생, (2) 은덕, (3) 호미

3단계 (1) 메고, (2) 매고

※ 이 시조는 정철의 〈훈민가〉로, 총 16수가 전해진다. 본문에는 전체 16수 가운데 5수를 뽑아 실었다.

2. ① [가]의 주제는 '부모님의 은혜'다.

3. ① 시조: 고려 말기부터 발달해 온 우리나라 고유의 시. 초장, 중장, 종장으로 나뉘어 있으며, 한 장을 네 번에 나누어 읽는다. 각 장의 글자 수가 정해져 있다.
③ '무엇하리', '하노라', '서럽거늘' 같은 표현이 예스러운 느낌을 준다.
④ 효도, 우애, 근면, 노인 공경 같은 주제를 담고 있다.
⑤ 각 시조가 다른 주제를 담고 있어 흐름이 자연스럽지 않다.

4. ③ 훈민가(訓 가르칠 훈 民 백성 민 歌 노래 가)에는 여러 교훈이 담겨 있다.

5. [가]의 '있을까', [나]의 '무엇하리', [다]의 '있으랴', '쉬울까', [마]의 '무거울까', '지실까'가 묻는 표현이다. 하지만 이것 모두 답을 몰라서 묻는 것이 아니라, 주제를 강조하기 위한 표현이다.

6. ① [가]의 종장 첫 부분은 '하늘 같은'으로 세 글자의 규칙이 지켜지지 않았다.

20 독해력 비타민 기초편 5단계

35회　흥부와 놀부 144쪽

1. 도깨비
2. ④
3. ①
4. ②
5. 선, 악
6. ⑤

어휘력 기르기

1단계 (1) ㉠, (2) ㉡, (3) ㉢

2단계 (1) 급급한, (2) 험악한, (3) 허름한

3단계 (1) 이타적, (2) 이기적

3.① 흥부는 다리가 부러진 새끼 제비를 보며 걱정하고 있다.

6.⑤ 지문 – 인물의 동작, 표정, 심리, 말투 등을 지시하는 부분.

8주차

36회　비무장 지대 148쪽

1. ④
2. ①
3. 비무장 지대
4. (1) ○
   (2) ×
   (3) ×
   (4) ○
   (5) ×
5. (1) 북방 한계선
   (3) 남방 한계선
   (4) 민간인 출입 통제선(민통선)
6. ⑤

어휘력 기르기

1단계 (1) ㉢, (2) ㉠, (3) ㉡

2단계 (1) 휴전, (2) 무장, (3) 주둔

3단계 (1) 국경선, (2) 분계선, (3) 한계선

6.① 임진각: 파주시에 있는 통일 안보 관광지.
② 통일 전망대: 비무장 지대와 북한을 바라볼 수 있는 곳. 경기도 파주와 강원도 고성에 있다.
③ 백마고지: 한국 전쟁 때 남북이 싸웠던 곳.
④ 평화 전망대: 비무장 지대와 북한을 바라볼 수 있는 곳. 강원도 철원과 인천 강화도 등에 있다.

1. ②

2. (1) 7

   (2) 신맛

   (3) 쓴맛

   (4) 전기

3. (1) 푸른, 붉은

   (2) 붉은, 푸른

4. ⑤

5. ④

6. ③

어휘력 기르기

1단계 (1) ⓛ, (2) ⓒ, (3) ⓖ

2단계 (1) 위산, (2) 부식, (3) 원자

3단계 (1) 표지, (2) 중지, (3) 중화, (4) 완화

4. ⑤ 베이킹파우더는 염기성 물질이다.

1. ③

2. ⑤

3. 한국광복군

4. ②, ④

5. ④

6. 안중근

어휘력 기르기

1단계 (1) ⓒ, (2) ⓖ, (3) ⓛ

2단계 (1) 신세, (2) 취임, (3) 또래

3단계 (1) ①, (2) ②

1. ③ 열심히 공부했지만 과거에 합격하지는 못했다.

2. ⑤ 임시 정부의 주석으로 취임한 것은 1940년이다.

5. ④ 김구 선생은 광복 후에도 통일 운동을 위해 최선을 다했다.

1. ⑤

2. ④

3. ③

4. ①

5. ②

6. ②

7. (1) •   • ㉠
   (2) •   • ㉡
   (3) •   • ㉢
   (4) •   • ㉣

어휘력 기르기

1단계 (1) ㉡, (2) ㉢, (3) ㉠

2단계 (1) 보얘서, (2) 불거진, (3) 가풀막진

3단계 (1) 산마루, (2) 고갯마루, (3) 잿마루

1. '나이 많은 사람은 보자기에서 누나에게 입힐 물들인 새 옷과 비녀라는 것을 내놓았다. 그리고 종이에 싼 것을 펴 주면서 얼굴에 바르라고 하였다.', '누나가 입은 푸른 저고리와 붉은 치마' 이 두 부분을 통해 알 수 있다. 또 '오래간만에 두루마기를 입고 같이 나가시는 아버지'를 통해, 두루마기는 낯선 남자 둘이 가져온 것이 아니라, 아버지 것임을 알 수 있다.

3. ③ "종이에 싼 것을 펴 주면서 <u>얼굴에 바르라고 하였다.</u>" 누나가 시집을 가는 상황과 밑줄 친 부분을 통하여 짐작할 수 있다.

4. ① 비녀는 결혼한 여자가 머리로 쪽을 찔 때 사용하는 물건이다.

5. ② 옛날에는 쌀이 귀했다. 그래서 가난한 집에서는 감자나 고구마를 넣어 밥을 지었다.

6. 돌이는 누나가 떠나게 된 상황을 슬퍼하고 있다. 그리고 이 상황을 만든 사람이 아버지라고 생각하고 있다.

어휘력 기르기

3단계 순우리말끼리나, 순우리말과 한자어가 합쳐져 합성어가 될 때, 앞말 뒤에 'ㅅ'이 붙기도 한다.
(2) 고개 + 마루 → 고갯마루
(3) 재 + 마루 → 잿마루

1. ④

2. (1) 누나가 시집가기 전날 •   • ① 기뻐서

   (2) 송아지가 태어난 날 •   • ② 슬퍼서

3. ⑤

4. ㉤

5. ②

6. ③

7. (1) 괭이

   (2) 소반

   (3) 바지게

어휘력 기르기

1단계 (1) ㉠, (2) ㉢, (3) ㉡

2단계 (1) 비로소, (2) 메아리, (3) 외양간

3단계 (1) ①, (2) ②, (3) ④, (4) ③

1. ⑤ '정한수'는 '정화수'의 잘못된 표현이다.

3. ⑤ 산마루에 올라가 외친 것은 돌이가 한 일이다.

5. ② 돌이에게는 아버지, 누나, 암소뿐이었다. 그런데 누나가 갑자기 시집을 가 버려 크게 실망하고 슬픈 상황이 되었다. 아버지는 그것을 알고 동생을 만들어 주어 슬픔을 달래고 있다.

독해력 비타민 기초편